WOOW BOOKS

Betsy Uhrig

Mehr Action, weniger Zucchini!

Aus dem Englischen von Susanne Just

MIX
Papier aus verantwortungsvollen Quellen
FSC www.fsc.org FSC® C083411

Deutsche Erstausgabe
1. Auflage 2021

Aus dem amerikanischen Englisch von Susanne Just

Originaltitel: *DOUBLE THE DANGER AND ZERO ZUCCHINI*

Published by arrangement with Erin Murphy Literary Agency
through Rights People, London.

Satz: Greiner & Reichel, Köln
Druck und Bindung: CPI books GmbH, Leck
ISBN 978-3-96177-082-3

www.woow-books.de

Folgt uns auf Instagram unter
@woowbooks_verlag

Für Dad

KAPITEL 1

Ich heiße Alex Harmon. Falls du mich nicht persönlich kennst, hast du sicherlich noch nie von mir gehört. Ich bin ja auch für nichts berühmt. Das würde ich auch gar nicht sein wollen. Lieber würde ich mit weit aufgerissenem Mund in den Hecklader eines Müllwagens hechten, als berühmt zu sein.

Erstens, weil ich von Natur aus nicht so gern auf Menschen zugehe, und zweitens, weil ich jemanden kenne, der berühmt ist, und ich einen kurzen Blick darauf erhascht habe, wie das so ist. Die Menge an Fanpost ist gigantisch. Wusstest du, dass Leute immer noch Briefe auf Papier schreiben? Die türmen sich zu riesigen Stapeln auf.

Die berühmte Person, die ich kenne, ist L. M. Knight. Ich wette, du hast schon mal von L. M. Knight gehört. Man kann ja nicht mal in einen Lebensmittelladen gehen, ohne in einen Pappaufsteller voller L.-M.-Knight-Bücher hineinzurennen: *Gerald im Zeitstrudelwehr des Zauberers* und das neue, *Gerald in der Grotte der Gargoyle*. Vielleicht hast du ja für *Gerald in der Grotte der Gargoyle* bis Mitternacht Schlange gestanden (wenn es so war, ziehe ich meinen Hut vor dir). Selbst wenn du sonst fast nie Bücher liest, hast du bestimmt mindestens eines von den *Gerald*-Büchern gelesen. Deshalb ist ihre Autorin ja auch so berühmt.

Aber nur so eine Frage: Wie alt ist L. M. Knight eigentlich? Welche Haarfarbe hat L. M. Knight? Ist L. M. Knight eher ein Hunde- oder ein Katzenmensch?

Du glaubst vielleicht, L. M. Knight sieht aus wie dein cooler Onkel: groß, mit einem kleinen Bart. Vielleicht irgendein Hut. Aber das ist nur das Bild in *deinem* Kopf. Das Mädchen, das gerade neben dir im Bus sitzt, ist wahrscheinlich anderer Meinung. Sie würde vielleicht sagen, dass L. M. Knight wie ihre lustige Großmutter aussieht: klein, mit grauen Haaren und dieser rahmenlosen Brille, die trotzdem unverkennbar eine Brille ist.

Und noch eine Frage: Wofür steht L. M.? Weißt du nicht, oder? Deine Lehrerinnen und Lehrer wissen es auch nicht. Nicht mal die Bibliothekarin im Hauptgebäude weiß es.

Na ja, sagst du, es weiß ja auch niemand, wofür J. K. oder J. R. R. stehen. Worauf ich nach ein paar Minuten Googeln antworten kann: Joanne Kathleen und John Ronald Reuel (wieso gibt es heutzutage keine Jungs mehr, die Reuel heißen?).

Versuch's doch mal mit L. M. – nichts? Gar nichts? Nee. Nichts. Keine Namen, keine Fotos – weder mit noch ohne Hut oder Brille –, kein Geburtsdatum, keine Heimatstadt, keine Familie. Nur Bücher.

Neugierig? Wäre ich auch. Wer ist diese »bekanntermaßen zurückgezogen lebende Autorin« (sagt Wikipedia), die sogar die größten Lesemuffel lieben?

Das will ich dir verraten. Es ist eine lange Geschichte, aber nicht annähernd so lang wie *Gerald in der Grotte der*

Gargoyle – für die braucht man ja einen Tragegriff. Ich werde dir alles erzählen, was die Leute schon immer über die mysteriöse L. M. wissen wollten. Aber keine Angst – das wird keine Biografie. Das wäre unmöglich. Weil L. M. Knight nämlich gar nicht existiert.

KAPITEL 2

»Gerald rannte die Eingangsstufen zum Haus seines Großvaters hinauf.«

So fängt es an, oder? Das ist der erste Satz von *Gerald im Zeitstrudelwehr des Zauberers*, Buch 1 in der Reihe. Du hast diesen Satz natürlich erst gelesen, nachdem das Buch veröffentlicht wurde. Ich hingegen habe ihn ungefähr ein Jahr vorher schon gelesen, als ich zwölf war. Eigentlich, bevor die Geschichte überhaupt geschrieben wurde.

Es war ein Samstagnachmittag mitten in diesem leeren, grauen, nicht enden wollenden Winter. Ich war oben in meinem Zimmer und kümmerte mich um meinen eigenen Kram. Meine Mutter und ihre Schwester, meine Tante Caroline, waren in der Küche. Ich konnte hören, wie sie sich unterhielten, worüber, interessierte mich aber gar nicht. Bis ich ein altbekanntes Wort von unten heraufwabern hörte wie einen üblen Geruch. Und dieses Wort war »Lesemuffel«.

Die Leute sagten es nur, wenn sie glaubten, ich würde es nicht hören, aber ich wusste, dass sie mich damit meinten. Ich hörte es in der zweiten Klasse, als ich draußen vor dem Klassenzimmer auf meine Eltern wartete, die drinnen mit meinem Lehrer sprachen. Ich hörte es wieder in der vierten Klasse, als mein Lehrer sich während unserer

Stunde in der Bibliothek mit der Schulbibliothekarin unterhielt. Ich hörte es von meinem Vater, der mit dem Kinderbuchexperten aus dem örtlichen Buchladen redete. Und dann kam es mir schon wieder zu Ohren, diesmal von meiner Mutter.

Da ich jetzt wusste, dass sie und meine Tante über mich redeten, hörte ich doch zu.

»Dann wäre er perfekt«, sagte Caroline. »Genau ihn brauche ich. Ich frag ihn einfach mal, okay? Wenn er Nein sagt, fange ich nicht noch mal davon an, versprochen.«

Falls das jetzt so klingt, als würden meine Mutter und meine Tante eine Verschwörung planen, um mich als Versuchskaninchen für ein unangenehmes Experiment zu benutzen, ist das nur so, weil sie genau das taten.

»Alex«, rief meine Mum, »kannst du mal kurz runterkommen? Tante Caroline würde dich gerne um einen Gefallen bitten.«

Wenn das jetzt eine erfundene Geschichte und nicht mein echtes Leben wäre, hätte ich die Gelegenheit ergriffen und wäre aus dem Fenster geklettert, um mich auf der Suche nach einem spannenden Abenteuer aus dem Staub zu machen. Aber von meinem Zimmerfenster aus ging es ganz schön steil runter. Und außerdem war Tante Caroline ja keine wahnsinnige Wissenschaftlerin. Sie arbeitete in einem Büro. Sie würde mich wohl kaum an eine Maschine anschließen und meine Persönlichkeit mit der eines echten Versuchskaninchens vertauschen.

Als ich langsam die Treppe herunterging, sagte ich mir,

dass Tante Caroline mit mir wahrscheinlich nur die Kindersicherungen bei ihr zu Hause testen wollte. Caroline und ihre Frau, meine Tante Lulu, bekamen in ein paar Monaten ein Baby. Aber sie machten ein Theater darum, als ob sie Besuch von wirklich kritischen Mitgliedern des Königshauses erwarteten. Die Wandfarbe im Kinderzimmer musste die perfekte Schattierung von »frühem Dämmerungsblau« haben. Der Teppich wurde schon zwei Mal ausgewechselt, da er nicht »flauschig« genug war. Und überall haben sie Kindersicherungen einbauen lassen, als würde ihr Kind, kaum zu Hause angekommen, aus ihren Armen springen und innerhalb von Sekunden alles Giftige unter dem Spülbecken in sich hineinkippen.

Einige dieser übertriebenen Vorsichtsmaßnahmen könnten mit meinem kleinen Bruder Alvin zu tun haben. Da gibt es ein paar Vorgeschichten.

In der Küche angekommen, hatte ich mich bereits damit abgefunden, bald in Carolines und Lulus Haus herumzukrabbeln und zu versuchen, mich selbst zu vergiften, zu erwürgen und mir einen Stromschlag zu verpassen. Aber das war überhaupt nicht der Gefallen, um den es ging. Der würde nicht einmal annähernd so viel Spaß machen.

Caroline wollte, dass ich ein Buch las.

KAPITEL 3

Tante Caroline hätte ein Buch für Kinder in meinem Alter geschrieben und bräuchte einen »Testleser«, sagte sie.

Der Papierstapel auf dem Küchentisch war eher niedrig. Wenigstens hatte sie die Freundlichkeit besessen, ein kurzes Buch zu schreiben. Aber trotzdem. Nicht nur, dass es überhaupt ein Buch war – es war ein Buch, das jemand geschrieben hatte, den ich kannte. Das konnte nur schiefgehen.

»Warum gibst du es nicht Alvin zum Lesen?«, fragte ich. »Der liest alles.«

Alvin war acht und das Gegenteil eines Lesemuffels. Er war, was Eltern und Lehrkräfte und Leute aus Bibliotheken einen »Bücherwurm« nannten. Was viel cooler klingt, als es ist. Es klingt, als ob Alvin wie ein Wurm durchs Bücherregal kriecht, zuerst ein Loch in wehrlose Bücher frisst und sie dann in einem Stück verschlingt, wie *die kleine Raupe Nimmersatt*. In Wirklichkeit sitzt er stundenlang auf seinem Bett herum, beinahe reglos, und liest, während er sich ab und zu einen Käse-Nacho in den Mund schiebt.

»Das ist es ja«, sagte Caroline. »Wir dachten, du wärst geeigneter, da du … schwieriger zufriedenzustellen bist.«

»Du meinst, ich bin ein Lesemuffel.«

»Nein, überhaupt nicht!«, sagte Caroline.

»Bin ich nämlich nicht. Ich mach nur ein paar andere Sachen lieber als Lesen.«

»Was die Definition eines ›Lesemuffels‹ ist«, sagte meine Mutter.

Ist es nicht. Aber das wusste ich zu diesem Zeitpunkt noch nicht.

Es war nämlich so, dass ich lieber Sachen tat, die nicht so viel mit Still-Herumsitzen und Gut-Aufpassen zu tun hatten. Wie Laufen – immer und überall. Auf dem Fußballfeld, den Gehsteigen, in den Schulkorridoren – wenn mich keiner daran hinderte. Und wenn ich schon still sitzen und aufpassen *musste*, schaute ich mir lieber einen Film oder eine Fernsehserie oder ein Video im Internet an, als zu lesen. Ich konnte auch ganz gut kochen. Ich war also wenigstens vielseitig, auch wenn ich keine Bücher mit vielen Seiten las.

Ich hatte Carolines Papierstapel immer noch nicht angefasst oder mich ihm auch nur genähert.

»Ich habe gehofft, es jemandem geben zu können, der nicht *so* gerne liest, um zu sehen, ob er oder sie es auf längere Sicht interessant findet«, sagte Caroline. Sie seufzte und spielte mit den Haarspitzen ihres Pferdeschwanzes herum. »Die Sache ist nämlich die: Ein paar meiner Freunde haben es gelesen, und Lu hat es gelesen, und sie sagen, dass es toll ist – wirklich gut geschrieben und berührend und süß.«

Das klang nicht gerade nach einem Buch, das ich lesen wollte, aber ich war kein Maßstab – ich wollte die meisten Bücher nicht lesen.

»Aber Lu hat eine Freundin, die Literaturagentin ist«, erzählte Caroline weiter und wickelte eine Haarsträhne so eng um ihren Finger, dass die Fingerspitze schon ganz rot wurde. »Du weißt schon – die Leute, die den Verlagen Bücher verkaufen. Und sie hat es gelesen, um Lu einen Gefallen zu tun. Und ...« Noch ein Seufzer. »Sie war anderer Meinung.«

»Was hat sie denn gesagt?«, fragte ich.

Meine Mutter schaute von ihrer Teetasse auf. Offenbar war sie zu höflich gewesen, um nachzufragen, was die Agentin gesagt hatte, war aber eindeutig neugierig.

»Sie hat gesagt, dass es gut geschrieben ist, aber ...« Caroline rutschte auf ihrem Stuhl herum und befreite ihren Finger aus der Pferdeschwanzsträhne. »Aber dass ein Buch für Kinder in deinem Alter nicht nur gut geschrieben sein muss. Sie hat gesagt, in einem Buch muss heutzutage genauso viel Action vorkommen wie auf Bildschirmen – oder zumindest so viel wie vor Fensterscheiben.«

Autsch, dachte ich.

»Also darf es nicht langweilig sein«, sagte ich laut.

»Genau. Es darf nicht langweilig sein. Und ich hoffe, dass du eventuell Lust darauf hast, mir zu sagen, ob etwas davon langweilig ist.«

»Ernsthaft? Du willst, dass ich es lese und dir die langweiligen Stellen zeige?« So ging ich beim Lesen nämlich eigentlich immer vor – zumindest in meinem Kopf.

»Ernsthaft. Nimm dir einen Stift und kreise die langweiligen Stellen ein. Ich bezahle dich sogar dafür.«

»Caroline!«, sagte meine Mutter. »Du musst doch deinen Neffen nicht dafür bezahlen, dir einen einfachen Gefallen zu tun.«

»Zehn Mäuse«, sagte Caroline zu mir. »Und kein Mitleid.«

»Abgemacht.« Ich schnappte mir den Papierstapel und ging nach oben.

KAPITEL 4

Zuerst las ich Carolines Namen und Adresse. So weit, so gut. Dann den Titel: *Gerald besucht Opa*. Was nicht besonders vielversprechend war. Denn sicherlich stimmst du mir darin zu, dass dieser Titel eher nach einem Bilderbuch klingt und nicht, wie Caroline gesagt hatte, nach einem Buch für Kinder in meinem Alter.

Ich machte trotzdem weiter. Immerhin gab es ja zehn Mäuse, oder? Zehn sehr einfache Mäuse. Und da war auch schon der erste Satz, wie Gerald bei dem Haus seines Großvaters ankommt.

Na gut, das Rätsel ist gelöst, denkst du jetzt. L. M. Knight ist also die Tante eines Jungen, der Alex Harmon heißt – Caroline irgendwas. Das war's also. Dann mal weiter zu etwas anderem, vielleicht zu irgendeinem Bildschirm.

Aber nicht so schnell. Meine Tante Caroline ist nicht L. M. Knight. Wenn sie es wäre, dann wäre L. M. Knight nur ein Künstlername – wie Dr. Seuss (Theodor Geisel) oder Lewis Carroll (Charles Lutwidge Dodgson). Ein bisschen komplizierter ist es schon. Ich fürchte also, du wirst weiterlesen müssen.

Genau das tat ich auch. Ich las, wie Gerald das Haus seines Großvaters betrat. Nach den nächsten paar Sätzen wurde klar, dass Gerald – aus irgendeinem Grund –

ein Frosch war. Gerald war ein Frosch, der sich in jeder Hinsicht wie ein Mensch verhielt. Warum also war er ein Frosch? Ich holte einen roten Stift von meinem Schreibtisch und schrieb an den Rand, genau so, wie meine Lehrer es in meinen Aufsätzen immer taten: Warum ein Frosch?

Was sich gut anfühlte. Endlich war ich einmal der Herr über den *alles-infrage-stellenden, alles-kritisierenden Rotstift des Schicksals*. Ich las weiter und genoss meine Macht.

Und, na ja, Gerald besuchte tatsächlich seinen Großvater (der auch ein Frosch war, das war also wenigstens einheitlich). Aber ich war erst auf Seite 3, und nun begann der Papierstapel doch ziemlich hoch auszusehen, und es schien, als stünden noch ziemlich viele Wörter zwischen mir und meinen zehn Mäusen.

Geralds Großvater war ein Griesgram, wie sich herausstellte. Aber dann bot Gerald an, ihm im Garten zu helfen und … mit den Details werde ich dich verschonen. Denn ab Seite 10 musste ich mir eingestehen, dass ich das Interesse verlor. Ich konnte meinen roten Stift nicht nehmen und die langweiligen Stellen einkreisen, denn – sogar jetzt fühle ich mich noch schlecht dabei, es auszusprechen – *Gerald besucht Opa* war *nur* langweilig. Es hatte keine langweiligen Stellen – es war ein langweiliges großes Ganzes. Es gab keine einzige interessante Stelle.

Mein rechtes Bein zuckte, was es immer tut, wenn ich hibbelig werde. Ich fing an, die Seite zu überfliegen, und dachte, dass Gerald ja vielleicht in einen Abflusskanal hineingesaugt werden könnte und Opa ihn retten müsste.

Oder – noch besser – Opa würde in einen Abflusskanal hineingesaugt werden, und Gerald müsste *ihn* retten. Aber das passierte nicht. Und selbst wenn, fiel mir ein, können Frösche ja sehr gut schwimmen. Ich überflog jetzt noch schneller viele Seiten auf einmal. Dann blätterte ich direkt zur letzten Seite, obwohl ich nicht gerade vor Spannung umkam.

Am Schluss, falls du tatsächlich neugierig bist, gewannen Gerald und Opa auf dem Dorffest eine blaue Schleife für die größte Zucchini. Was schön für sie war. Aber nicht so toll für den Lesemuffel, der wirklich mehr Action braucht, um das Interesse nicht zu verlieren.

Jetzt saß ich also in der Klemme. Ich hatte eine gemeine Buchbesprechung vor mir. Nur dass die Autorin des Buches und die Person, für die ich die Besprechung schrieb, beide meine Tante waren.

KAPITEL 5

Ich entschied, eine Runde laufen zu gehen. So würde ich nachdenken können und außerdem ein bisschen Abstand zu Caroline und ihrem Buch bekommen. Ich zog mir meine Laufsachen für kaltes Wetter an und ging nach unten.

»Du kannst doch unmöglich schon fertig sein?«, fragte meine Mutter, als ich an der Küche vorbeikam.

»Äh, nein – klar bin ich noch nicht fertig«, sagte ich. »Ich geh nur mal eine Runde laufen, dann mach ich gleich weiter.«

»Du musst dich nicht beeilen«, sagte Caroline. »Lass dir ruhig Zeit.« Ich sah, wie sie einen Moment mit sich selbst kämpfte und verlor. »Wie gefällt es dir bisher?«, musste sie mich einfach fragen.

Ich war schon fast draußen. So knapp. *So knapp*. Aber hier war ich nun und musste die Frage beantworten, vor der ich buchstäblich versuchte, davonzulaufen. Und ich tat Folgendes (übrigens, tut das nie!): Ich grinste meine Tante breit und schmierig an und zeigte ihr beide Daumen nach oben. Ich schäme mich schon allein für die Vorstellung, wie ich dabei ausgesehen haben muss.

Als ich gerade hinter mir die Tür zuzog, hörte ich Caroline sagen: »Diese ganze Sache mit dem Laufen macht ihm wirklich Spaß, oder?«

»Jep«, sagte meine Mum. »Er läuft überall hin. Tatsächlich ist es ein bisschen komisch, aber hast du seine dünnen Waden gesehen? Sie sind so –«

Ich lief los.

Zuerst hatte ich kein bestimmtes Ziel im Kopf. Aber beim Laufen bemerkte ich dann, dass ich die Richtung zu Javiers Haus einschlug. Mein Freund Javier wohnte einen 15-Minuten-Lauf von mir entfernt, was mir zumindest eine halbe Stunde verschaffen würde, um mir eine Antwort für Caroline zu überlegen. Außerdem hatte Javier viele Verwandte, vielleicht konnte er mir also ein paar Ratschläge dazu geben, wie man mit einer umging, die ein Buch geschrieben hatte.

Um Javiers Haus zu erreichen, musste ich vorher jedoch an Marcello vorbei. Marcello war der winzige Rattenhund der Nachbarn, der jedes Mal aus dem Haus ausbüxte, sobald irgendjemand eine Tür öffnete. Natürlich kam er auch jetzt vor mir auf den Gehsteig gesprungen und japste hysterisch die Japs-Version von »Du kommst hier nicht vorbei«. Vorbei kam ich wirklich nicht. Stattdessen stieg ich wie immer über ihn drüber, und er verfolgte mich, bis jemand auf seiner Veranda die Leckerli-Dose schüttelte.

Nachdem ich dieses Hindernis überwunden hatte, lief ich weiter meines Weges.

Javier wohnt in einem großen viktorianischen Haus in einer Straße mit vielen ähnlichen Häusern. Zwei Häuser weiter steht die Alte Weintraub-Villa, wie meine Mutter sie nennt. Sie steht leer, seit Mrs. Weintraub vor ein paar

Jahren zu ihrer Tochter gezogen ist. Anfangs war sie nicht gruselig, aber so langsam wurde sie es, und normalerweise lief ich etwas schneller an ihr vorbei. Aber an diesem Tag blieb ich stehen.

Denn mir kam die Idee, wie viel interessanter Carolines Buch wäre, wenn Geralds Großvater in einem leicht gruseligen Haus wie diesem hier leben würde. Die Veranda könnte knarzen, so wie die der Weintraub-Veranda (bestimmt). Ein paar Spinnweben wie die Weintraub-Spinnweben könnten dort hängen. Sogar ein bisschen Gefahr könnte in der Luft liegen, während Gerald darauf wartet, dass sein Großvater ihm die Tür aufmacht.

Ich drehte mich um und lief den Weg zurück, den ich hergekommen war. Ich wollte nicht, dass mir diese Ideen voller Grusel und Gefahr entglitten, bevor ich sie Caroline vorschlagen konnte. Ich hoffte nur, dass Javier nicht gesehen hatte, wie ich fast bei seinem Haus angekommen und dann wieder weggelaufen war. Er würde denken, ich wäre verrückt geworden.

KAPITEL 6

Bist du verrückt geworden?, lautete Javiers Textnachricht, als ich wieder zu Hause war. *Warum bist du wieder zurückgelaufen?*

Lange Geschichte, schrieb ich zurück. *Verwandtenkram.*

Kein Kommentar, schrieb Javier.

Er verwendete oft rätselhafte Ausdrücke wie »kein Kommentar« – ich hatte nicht die leiseste Ahnung, wo er die herhatte. Wenn er einen Ausdruck nur oft genug benutzte, fing ich früher oder später an, ihn auch zu benutzen. Irgendwann würden wir beide wie Figuren in einem Fernsehdrama klingen. Wobei, nein, doch nicht – unsere Freundin Marta würde uns das nie durchgehen lassen. Wir waren also in Sicherheit, solange sie sich über uns lustig machte.

Ich zog meine verschwitzten Sachen aus, schnappte mir Carolines Seiten und schrieb eine weitere Anmerkung unter Warum ein Frosch? an den Rand. Diese lautete: Ein bisschen Grusel und Gefahr wären gut. Dann ging ich mit dem Buch nach unten.

Caroline und meine Mum saßen immer noch am Küchentisch. Ich weiß wirklich nicht, wie Erwachsene so lange sitzen können.

»Ich hab eine Idee«, sagte ich.

»Zu dem Buch?«, fragte Caroline. Sie zog ihren Pferdeschwanz nach vorne und fing wieder an, die Haarspitzen um ihren Finger zu wickeln.

Meine Mum schaute mich mit einem Blick an, der sagte: *Vorsicht! Gefahr im Verzug! Vorsicht!*

Es war möglich, wie ich erst jetzt erkannte, dass Caroline vielleicht gar nicht so glücklich darüber sein würde, dass ich eine Idee zu ihrem Buch hatte. Aber wenn sie keinen Input von außen wollte, hätte sie mir keine zehn Mäuse anbieten sollen, um welchen zu bekommen.

»Ich dachte mir«, sagte ich, »dass es vielleicht ganz gut wäre, wenn am Anfang ein bisschen Gefahr in der Luft liegen würde. Um das Interesse der Leute zu wecken.«

»Gefahr in einem Kinderbuch?«, fragte Caroline. »Meinst du wirklich?«

Ich nickte. »Für ein bisschen mehr Spannung, du weißt schon.«

»Ähm, klar«, sagte Caroline. »Okay. Etwas, das die Kinder packt.«

Sie ließ ihre Haare los, was ich für ein gutes Zeichen hielt.

»Genau. Ich dachte mir zum Beispiel, Gerald könnte zu dem Haus kommen, und es könnte ein bisschen gruselig sein. Die Veranda könnte knarzen, und da könnten ein paar Spinnweben hängen.«

»Würde das nicht bedeuten, dass Opa im Haushalt ein bisschen schlampig ist?«, fragte meine Mum, was nicht gerade hilfreich war. Sie hat einen leichten Putzfimmel.

Caroline wusste das und ignorierte sie. »Und dann würdest du weiterlesen?«, fragte sie mich.

»Ja«, sagte ich. »Aber es muss auch nach der ersten Seite noch spannend bleiben. Gerald könnte ja klopfen, und niemand antwortet. Also würde er versuchen, die Tür zu öffnen, und sie ist nicht verschlossen, und er geht rein. Und drin ist es irgendwie finster, und er kann seinen Opa nicht finden.« Die Sache fing an, mir Spaß zu machen. Ein Buch zu schreiben, war ja gar nicht schwer.

»Genau!«, sagte Caroline. »Dann könnte Opa vom Keller hochkommen oder so und ihn erschrecken. Das wäre witzig.«

»Aber ein bisschen zu früh, oder?«, sagte ich. »Um die ganze Gefahrensache schon wieder zu beenden?«

»Ich mag es, wenn alles gut ausgeht«, sagte Caroline.

Wer mag das nicht, im echten Leben? Aber in Büchern? Wenn alles sofort gut ausgeht … dann hätten wir ja nichts, außer *Gerald besucht Opa*, oder?

»Klar«, sagte ich. »Aber es muss erst später gut ausgehen. Nicht gleich am Anfang. Wie wär's damit?«, fragte ich und begann jetzt, frei draufloszuplappern und alles zu sagen, was mir gerade in den Sinn kam, oder vielleicht sogar noch bevor es mir in den Sinn kam. »Wie wäre es, wenn Gerald Opa nirgends finden kann? Opa ist weg. Aber Gerald spürt auf einmal eine Anwesenheit im Haus …«

Caroline hatte ein Notizbuch aus ihrer Tasche geholt und schrieb mit. Gleichzeitig schrieb ich an den Rand des Buches: Gerald spürt Anwesenheit. Opa ist weg. Wo ist er?

»Nicht dass *jemand* anwesend ist«, sagte ich, als ich über ihre Schulter auf die Notizen schaute. »Es sollte *eine* Anwesenheit sein, irgendeine.«

»Wo ist der Unterschied?«

»Eine unbestimmte Anwesenheit ist viel gruseliger. Glaub mir.«

Sie änderte es. Das gefiel mir.

»Darüber muss ich erst mal nachdenken«, sagte sie. Aber sie klang eher aufgeregt als weinerlich. »Ich werde den ganzen Anfang umschreiben müssen.«

»Den ersten Satz aber nicht«, sagte ich. »Der erste Satz ist gut so, wie er ist.«

»Da bin ich ja erleichtert«, sagte Caroline.

Als Caroline ging, war ich ziemlich beeindruckt von mir selbst. Sie sagte, sie würde sich an meinen Vorschlägen orientieren und mich fragen, was ich davon hielt, wenn sie fertig war. Sie bat mich darum, ihr alle möglichen anderen Ideen, die ich noch hatte, zu schicken. Dann wollte sie mir an Ort und Stelle mein Geld geben, aber meine Mum sagte, dass ich es mir noch nicht verdient hatte.

Der Anfang des Buches war nun viel interessanter. Aber ich wusste, dass Bücher nicht nur interessant sein müssen. Sie müssen auch glaubhaft sein. Man muss sich so fühlen, als wäre man richtig dabei, im Kopf der Figur, oder zumindest ganz nah dran. Und um etwas glaubhaft zu machen, braucht man realistische Details. »Schreib über Dinge, die du weißt oder kennst«, sagte mein Lehrer immer. Ich wusste überhaupt nichts darüber, wie es war, in einem gruseligen, leeren Haus herumzulaufen. Aber ich wusste genau, wie ich das herausfinden konnte.

KAPITEL 7

Meine Mutter arbeitet als Grafikdesignerin von zu Hause aus, führt nebenbei aber auch ein kleines Haustier-Sitter-Unternehmen. Wahrscheinlich, weil sie noch nie einem Tier begegnet ist, das sie nicht anhimmelte (sogar Marcello). Weil mein Dad allerdings gegen Tierhaare allergisch ist und immer wie eine donnernde Kanone niest, wenn er einem Tier zu nahe kommt, passt Mum auswärts auf sie auf. Über ihrem Schreibtisch hinten im Hausflur hängt eine Stecktafel mit Schlüsseln zu den Häusern der Leute, für die sie haustiersittet. Und an dieser Stecktafel hing auch ein Schlüssel zu der Alten Weintraub-Villa, denn meine Mum hatte sich um Mrs. Weintraubs Katzen gekümmert, bevor Mrs. Weintraub und die Katzen zu ihrer Tochter gezogen waren.

Ich zog wieder meine verschwitzte Laufkleidung an, holte meinen Rucksack hervor und packte Carolines Buch und den *Rotstift der realistischen Details* ein. Auf dem Weg nach draußen schnappte ich mir ganz unauffällig den Weintraub-Schlüssel vom Weintraub-Haken und schmiss den auch noch mit in den Rucksack. Dann lief ich schnell zu Javier.

Javier wartete schon auf mich, weil ich inzwischen ziemlich gut darin war, gleichzeitig eine Nachricht zu tippen und zu laufen, ohne auf die Nase zu fallen. Okay, einmal hab ich vielleicht mein Handy geschrottet.

»Wo ist denn Großtante Rosa?«, fragte ich, als ich die Stufen zu seiner Veranda hochging.

Javiers Großtante Rosa saß oft draußen auf der Hollywoodschaukel und las Taschenbücher so dick wie Ziegelsteine. Sogar wenn es kalt war, wie heute, mummelte sie sich dick ein und kam mit einem heißen Getränk nach draußen.

Laut Javier tat sie das, um dem Rest der Familie zu entkommen.

Er zuckte mit den Schultern. »Im Seniorenzentrum, höchstwahrscheinlich. Sie verbringt viel Zeit dort, seit Großtante Marina bei uns eingezogen ist.«

Großtante Rosa sagte so gut wie nie etwas zu mir, ganz zu schweigen davon, mich anzulächeln, aber irgendwie vermisste ich es, sie zu sehen.

Javier und ich setzten uns auf die Hollywoodschaukel, und ich erklärte ihm meine Situation.

»Unter *keinen* Umständen solltest du die Kunst eines Verwandten kritisieren«, sagte Javier. »Das kann nur schiefgehen.«

»Deshalb, glaube ich, könnte ich ja mal einen Blick in die Alte Weintraub-Villa werfen«, sagte ich. »Um zu sehen, wie es da so ist. Und es filmen, damit ich mir die Details merken kann. Dann berichte ich Caroline alles, und sie kann es in die Geschichte einbauen. Das ist doch nicht kritisieren, sondern helfen, oder?«

»Kannst du dir nicht einfach *vorstellen*, wie es da drin ist?«, fragte Javier. »Das machen Schriftsteller doch so. Sich Sachen vorstellen und sie dann aufschreiben?«

»Klar, *Schriftsteller* schon«, sagte ich. »Aber ich bin doch kein Schriftsteller. Und ich hab auch keine Fantasie. Erinnerst du dich nicht an Kreatives Schreiben im letzten Jahr?«

Und wie er sich erinnerte – er war nämlich mein Partner gewesen. Wir waren beide dankbar, als wir mit Meinungsaufsätzen weitergemacht hatten.

»Alles klar«, sagte Javier. »Kurze Verständnisfrage: Mit ›ich‹ meinst du in diesem Fall ›wir‹, oder? *Wir* können ja mal einen Blick hineinwerfen und sehen, wie es so ist. Und übrigens, niemand außer dir nennt das Haus die Alte Weintraub-Villa. Es hat keinen Sehenswürdigkeiten-Status oder so.«

»Gut«, sagte ich. »Und klar meine ich ›wir‹. Einer von uns übernimmt das Erleben – das mach ich –, und der andere übernimmt das Filmen. Das machst du. Ist ja logisch.«

Javier machte Filme, seit er zu seinem Geburtstag vor einem Jahr eine Videokamera geschenkt bekommen hatte. Manchmal machte er Stop-Motion-Filme mit Alvins Legofiguren, aber meistens filmte er Actionszenen mit Marta, die halsbrecherische Live-Stunts vollführte.

»Cool«, sagte Javier. »Ich geh meine Kamera holen.«

KAPITEL 8

Javier filmte von der Eingangspforte aus, wie ich – à la Gerald – die Stufen zu der Alten Weintraub-Villa hochlief.

Die Veranda war schön knarzig, und die Spinnweben hatten ihren gewünschten Effekt.

»Hast du das alles drauf?«, fragte ich Javier.

»Alles was?«

»Die ganzen Sinneseindrücke. Die wir immer in Kreativem Schreiben verwenden sollten.«

»Ich hab die Umgebung und Geräusche drauf«, sagte Javier. »Die anderen Sinne nimmt diese Kamera nicht auf. Aber wenn du das Geländer ablecken willst, nur zu.«

Ich wollte das Geländer nicht ablecken. Wahrscheinlich war es voller Vogelkacke.

Stattdessen sog ich die Luft ein. Ich roch die Tannenzweige neben den Stufen, was angenehm war.

Dann legte ich die Hand auf die Haustür und fühlte das raue Holz und die brüchigen Ränder der abblätternden Farbe. Ausgezeichnet. Caroline würde begeistert sein. Ich holte ihr Buch und meinen *Rotstift der Inspiration* heraus und schrieb einige Notizen an den Rand.

Dann nahm ich den Schlüssel und steckte ihn in das Schloss. Zuerst war das Schloss nicht sehr erfreut darüber, benutzt zu werden, aber schließlich gab es doch nach.

Langsam öffnete ich die Tür und betrat das Haus. Javier folgte mir mit einer Kameralänge Abstand. Als er drinnen war, schloss ich die Tür, damit die Nachbarn uns nicht sehen und für Einbrecher halten würden.

Der Duft der Tannenzweige war weg und wurde von etwas ersetzt, das mehr nach altem Staub roch. Die Fußbodenbretter knarzten lauter in dem stillen Haus als die Verandabretter draußen. Die Eingangshalle war finster und, wie ich erfreut feststellte, irgendwie gruselig. Perfekt. Rechts von mir: das Wohnzimmer, die Möbel mit weißen Laken zugedeckt, sodass sie wie Geistermöbel aussahen. Links von mir: das Esszimmer – mit den Geistern eines Tischs und einiger Stühle. Über dem Tisch war eine kronleuchterartige Lampe angebracht, von der Spinnweben herunterhingen.

Ich zeigte darauf.

»Hab ich schon gesehen«, sagte Javier und richtete die Kamera an die Decke.

»Opa«, rief ich probeweise. »Bist du da?«

»Du suchst jetzt nicht wirklich –«, fing Javier an.

»Natürlich nicht!«, sagte ich. »Nur damit ich weiß, wie es klingen würde.«

»Alles klar«, sagte Javier. »Dann mal los. Du musst aber wahrscheinlich ein bisschen lauter rufen. Opas können schwerhörig sein.«

Javier hatte sehr viel mehr Erfahrung mit Opas als ich. Er hatte mindestens drei, vielleicht auch noch mehr. Ich hatte gar keinen.

Ich rief ein bisschen lauter: »Opa?« Dann drehte ich mich zu Javier um. »Hast du das drauf?«

»Wenn du mich das noch mal fragst, sind wir hier fertig.«

»Okay, okay.«

Ich ging weiter die Eingangshalle entlang bis in den hinteren Teil des Hauses, vorbei an einem Raum, der aussah wie ein Arbeitszimmer oder eine Bibliothek – viele Regale, nichts darin –, und dann einem Schrank (leer) und einem Badezimmer (antik). Ich schrieb noch ein paar Notizen auf Carolines Seiten.

»Marta hätte hier jede Menge Spaß«, sagte Javier mit leicht schuldbewusster Stimme.

»Ein bisschen zu viel«, sagte ich. »Aber wir müssen uns nicht schlecht fühlen. Sie hat sowieso Hausarrest.«

»Warum diesmal?«

»Sie hat sich selbst einen Pony geschnitten.«

»Das klingt nach ihr.«

Sie hatte sich nicht nur selbst einen Pony geschnitten. Sie hatte sich den Pony geschnitten und dann entschieden, dass er ihr nicht gefiel. Anschließend, anstatt einfach zu warten, bis er wieder herauswächst, hatte sie ihn ganz abgeschnitten, sodass ein stoppeliger Streifen über ihrer Stirn zurückblieb.

»Vielleicht ist Opa ja in die Badewanne gefallen«, sagte Javier und deutete mit seinem Kinn auf das Badezimmer. »Geh lieber mal da rein und schau nach.«

So langsam wünschte ich mir, dass ich das hier alleine machen und selbst filmen würde. Aber ich ging trotzdem in das Badezimmer und schob den spröden Duschvorhang zur Seite. Und stieß einen Schrei aus, von dem Javier mir sagte, dass er ihn nie und nimmer aus seinen Aufnahmen löschen würde, egal, was ich ihm dafür bieten oder womit ich ihn bedrohen würde.

KAPITEL 9

Kennst du diese pastillenförmigen Insekten mit den Milliarden Beinen, die zu unorganisiert aussehen, um sich in die gleiche Richtung zu bewegen? Die aber trotzdem irgendwie so gut funktionieren, dass das Insekt sich immer und ausschließlich in Richtung deines Gesichts bewegt? Das größte dieser Insekten, das je existiert hat, lebte in den Falten des Weintraub-Duschvorhangs. Wenn Opa in die Wanne gefallen wäre, wäre er aufgefressen worden.

Das riesige Insekt stürzte sich auf mich – ich übertreibe nicht. Es stürzte sich auf mein Gesicht, und natürlich schrie ich. Natürlich schlug ich mit dem Buch und dem *Rotstift der Selbstverteidigung* danach und schrie: »Mach es weg! Mach es weg!«, obwohl es, wie sich dann herausstellte, gar nicht auf mir war.

Javier wich nicht zurück, als es zwischen seinen Turnschuhen hindurchkrabbelte, aber das hatte er vor lauter Lachen wahrscheinlich nicht einmal mitbekommen. Wenn Javier ernst war, besaß er die Würde einer Statue. Aber wenn er lachte, so wie er jetzt lachte, drehte er komplett durch. Er musste die Kamera auf dem Waschbecken absetzen, so sehr lachte er.

»Tolle Hilfe, vielen Dank auch«, sagte ich. »Du weißt wirklich, wie man Freunden in Not beisteht.«

»Mit ›in Not‹ meinst du ›winzig kleine Spinnenassel‹?«

»Sie war riesig«, sagte ich. »Und nach allem, was wir wissen, war das nur ein Baby, und gleich ist die Mutter hinter uns her, um ihre Jungen zu beschützen.«

»Ich glaube, du verwechselst Spinnenasseln mit Grizzlybären«, sagte Javier und nahm seine Kamera. »Der Hauptunterschied ist hier erst einmal die Größe, und dann wären da auch noch der Grad an Wildheit und der Mutterinstinkt. Außerdem bin ich mir ziemlich sicher, dass Grizzlybären, was das Habitat angeht, normalerweise nicht in Duschvorhängen vorkommen.«

»Na ja, gefährliche Insekten auch nicht! Es hat mich überrascht, das ist alles.«

Laut Wikipedia sind die meisten Spinnenasseln eigentlich nicht gefährlich – zumindest nicht für Menschen. Aber zu meiner Verteidigung, und um das einmal festzuhalten steht da auch, dass sie »überraschend groß und schnell sein können«. Also, da hast du's.

Wenn du *Gerald in der Grotte der Gargoyle* gelesen hast, ist dir vielleicht die *Angriffslustige Assel* aufgefallen, die Gerald in Kapitel 3 angreift. Das ist tatsächlich eine übergroße, unheimlich leuchtende Spinnenassel. Nur dass diese für wirkliche Menschen extrem gefährlich ist. Sie ist aber auch frei erfunden. Geralds Schrei, wenn sie ihn angreift? Der basiert auf Fakten. Javier hat die Aufnahme immer noch und würde sie dir nur allzu gerne vorspielen.

KAPITEL 10

Als wir schließlich zurück in der Eingangshalle waren und ich damit aufgehört hatte, mir mit den Fingern wie verrückt durch die Haare zu kämmen, um sicherzugehen, dass keine Insekten mehr darin waren, schloss ich die Badezimmertür.

»Du weißt schon, dass Insekten einfach unter der Tür durchkrabbeln können«, sagte Javier.

»Aber sie hält sie zumindest ein bisschen auf«, sagte ich. »Vor allem, wenn es ein Schwarm sein sollte. Los, lass uns mal die Küche ansehen.«

»Ich weiß nicht«, sagte Javier, nun wieder mit laufender Kamera. »Was, wenn eine Bande sarkastischer Marienkäfer da drin herumhängt?«

Ich entschied, nicht darauf zu antworten, und genau in dieser Stille meines Schweigens hörten wir es dann: das Geräusch. Beide erstarrten wir, doch Javier, ein echter Profi, filmte weiter.

Es war nicht irgendein Geräusch. Keines, das man zufällig in einem leeren, alten Haus hört, während man umherwanderte und so tat, als würde man seinen verschwundenen Opa suchen. Es war ein anderes, ein bestimmtes Geräusch. Eines, das auf eine Anwesenheit hindeutet.

Hier muss ich nun zugeben, dass ich bis gerade eben

irgendwie auf ein Zeichen für eine Anwesenheit gehofft hatte, damit ich Caroline erzählen konnte, wie es war, eine zu fühlen. Aber jetzt, wo ich mit einem echten Geräusch und einer möglicherweise echten Anwesenheit, die dieses Geräusch machte, konfrontiert war, gefiel mir das ganz und gar nicht. Es war immer noch Adrenalin von dem Spinnenassel-Angriff übrig, und insgesamt war die Situation jetzt viel spannender, als ich mein echtes Leben haben wollte.

Während mir diese Sachen durch den Kopf gingen, dachte Javier Folgendes:

»Waschbären im Müll, vielleicht? Eichhörnchen auf dem Dachboden?«

Die Tatsache, dass er nicht *Riesige Spinnenasselmutter auf Rachefeldzug?* gesagt hatte, bedeutete, dass er das Geräusch ernst nahm. Wofür ich einerseits dankbar war. Andererseits aber auch nicht, denn wenn Javier etwas ernst nahm, war es wirklich ernst.

»Vielleicht«, sagte ich. »Aber wenn sie untertags aktiv sind, heißt das dann nicht, dass sie tollwütig sind?«

»Waschbären schon«, sagte er. »Eichhörnchen nicht.«

Ich hatte keine Ahnung, woher er solche Dinge wusste. Wir gingen in dieselbe Klasse in derselben Schule – wir hätten denselben Wissensstand haben sollen. Ja, er hatte zwar schon den Wachstumsschub gehabt, auf den ich noch wartete, aber ein größerer Kopf bedeutete noch lange kein schlaueres Gehirn. Oder doch? Ich würde ihn später danach fragen.

»Vielleicht solltest du zuerst reingehen«, sagte ich, anstatt *Vielleicht sollten wir zur Tür raus und immer weiter rennen*, was definitiv mein erster Impuls war. »Änder die Einstellung und film mich von vorne, wie ich auf die Küche zugehe.«

Javier durchschaute diese offensichtliche List sofort.

»Los, geh schon«, sagte er.

»Hätte ich doch bloß einen Stock oder so was«, sagte ich. Der Stift und die Seiten von Carolines Buch waren keine guten Waffen, wie ich schon wusste.

»Und ich erst«, murmelte Javier in einem Ton, der keinen Zweifel daran ließ, wen er damit piksen würde, wenn er gerade einen Stock zur Hand gehabt hätte.

Langsam ging ich auf die Küche zu. Mir war mulmig zumute. Wegen des Geräuschs. Wegen der Anwesenheit. Weil ich keinen Stock hatte. Und, hauptsächlich, weil ich nicht wieder schreien wollte.

KAPITEL 11

Die Küche war eine Erleichterung. Auf den ersten Blick, zumindest. Sie war weniger schummrig als der Rest des Hauses, weil es keine Fensterläden oder Vorhänge vor den Scheiben gab. Der Tisch und die Stühle waren nicht mit Laken bedeckt. Der Boden und die Arbeitsflächen waren sauber, und die Armaturen glänzten. Nicht mal meine Mum hätte hier etwas kritisieren können. Was, wie ich sagte, eine Erleichterung war – bis Javier erwähnen musste: »Hier sieht es überhaupt nicht verlassen aus. Schau mal – da ist Geschirr auf dem Trockengestell.«

Tatsache. Und es war nicht verstaubt. Es sah frisch abgespült aus.

»Vielleicht kommt ab und zu jemand zum Putzen vorbei?«, schlug ich vor.

»Dann hat er oder sie aber im Badezimmer einen schlechten Job gemacht«, sagte Javier. »Und er oder sie hat da was vergessen. Schau mal.« Er zeigte mit der Kamera auf den Tisch. Da stand eine Tasse, halb voll mit brauner Flüssigkeit.

»Ihh«, sagte ich. »Ist das antiker Schleim da drin?«

»Sieht eher wie frischer Kaffee aus«, sagte Javier. »Na, los, du bist doch derjenige, der sich so für Sinneseindrücke interessiert. Riech mal dran.«

Ich hatte keine Lust, meine Nase in eine Tasse mit verdächtiger brauner Flüssigkeit zu stecken. Javier hatte schon Videomaterial von mir, auf dem ich schreie und wild um mich schlage. Er würde nicht auch noch welches bekommen, auf dem ich mich übergebe.

»Oh, oh«, sagte ich.

Er verdrehte die Augen. »Das riech ich doch bis hier. Das ist Kaffee.«

Ich ging hinüber zu dem Tisch und untersuchte die Tasse. Es sah wirklich aus wie Kaffee. Langsam senkte ich den Kopf darüber. Jetzt konnte ich es riechen. Javier hatte recht. Es war Kaffee.

Wie war das möglich? War Kaffee etwa eine Substanz wie Toastbrot, das frisch blieb, egal, wie lange man es offen herumliegen ließ? Gab es womöglich irgendeine postapokalyptische Welt, in der Menschen schon lange verschwunden waren, aber ihre Toastbrotscheiben und ihr Kaffee sie überdauerten, um von radioaktiven Kakerlaken genüsslich verspeist zu werden?

Ich legte das Buch auf den Tisch und nahm die Tasse in die Hand, eigentlich, weil ich den Kaffee in den Abfluss im Spülbecken schütten wollte. Um die Küche ein bisschen aufgeräumter zurückzulassen, wie man das als guter Eindringling eben so machte. Aber als ich die Tasse dann hielt, fühlte ich, dass sie warm war.

Falls du jemals etwas hochgehoben hast, von dem du erwartet hast, dass es kalt wäre, es aber stattdessen warm war, wirst du verstehen, was als Nächstes passierte:

Ich stieß aus, was ich einen kurzen Aufschrei nennen würde, von dem Javier aber behauptete, dass es ein weiteres gellendes Kreischen war, und ließ die Tasse fallen.

KAPITEL 12

Die Tasse war robust. Sie zersprang oder splitterte nicht einmal, als sie zu Boden fiel. Sie prallte nur auf und verspritzte den lauwarmen Kaffee in der ganzen Küche.

Diesmal lachte Javier nicht. Er sah mich an, als wäre das, was da auf dem Linoleumboden verschüttet war, mein Verstand und als überlegte er, wie er mich lange genug ruhigstellen konnte, um mir die Hilfe zu holen, die ich brauchte.

»Sie war *warm*«, sagte ich. »Der Kaffee war warm. Wie kann das sein?«

Ich wusste schon, was meine Theorie war. »In diesem Haus spukt es«, sagte ich, während ich den verschütteten Kaffee mit Küchenpapier von der Rolle, die neben dem Waschbecken stand, wegwischte. »Das Ektoplasma eines Geists muss mit der Flüssigkeit in Kontakt gekommen sein und sie erhitzt haben.«

»Wessen Geist soll denn hier spuken?«, fragte Javier. »Mrs. Weintraub ist doch gar nicht tot.«

»Stimmt«, sagte ich. »Aber was ist mit Mr. Weintraub? Irgendwann muss es ja mal einen Mr. Weintraub gegeben haben. Aber wir haben nie von ihm gehört, oder?«

»Es könnte auch sein«, sagte Javier hinter seiner Kamera, »dass eine Haushaltshilfe hier war, die während des

Putzens eine schöne Tasse Kaffee getrunken hat, und wir den- oder diejenige erschreckt haben.«

Ich war erleichtert, dass wir uns von der Spuk-Theorie entfernten. Leider funktionierte die Haushaltshilfe-Theorie für mich aber auch nicht.

»Warum sollte eine Haushaltshilfe vor zwei Kindern Angst haben?«, fragte ich. »Hätte er oder sie nicht aus der Küche kommen und sagen sollen: ›Hey, Jungs. Das ist Hausfriedensbruch. Geht stiften‹?«

»Kein Mensch in diesem Jahrhundert sagt, *geht stiften*«, sagte Javier. »Aber ich verstehe, was du meinst. Vielleicht war es ja ein anderer Eindringling.«

»Ein Eindringling, der Kaffee trinkt und es gern schön sauber hat?«

»Du bist ein Eindringling, und du putzt gerade.«

Das stimmte. Ich kniete auf dem Boden und wischte ihn mit frischem Küchenpapier trocken. Die Tasse hatte ich schon abgespült und zum Trocknen zu dem anderen Geschirr gestellt.

»Es gibt da aber ein Problem«, sagte Javier, nachdem er mich einen Moment lang von hinten beim Putzen gefilmt hatte.

»Was für ein Problem?«, fragte ich, da ich den Faden der Unterhaltung verloren hatte.

»Was, wenn wir den ordentlichen, Kaffee trinkenden Eindringling zwar erschreckt haben, aber nicht so sehr, dass er direkt aus dem Haus gelaufen ist? Was, wenn er sich vor Schreck nur in einem Schrank oder so was versteckt?«

Er deutete auf zwei geschlossene Türen neben dem Kühlschrank. Eine war vermutlich die Kellertür, die andere führte vielleicht in eine Speisekammer oder einen Besenschrank. Beides gute Verstecke.

Und nun kehrte auch unsere Erinnerung an das Geräusch zurück. Zusammen mit dem Gefühl, dass eine Anwesenheit ganz in der Nähe lauern könnte.

»Wir sollten von hier verschwinden«, sagte ich.

»Ganz deiner Meinung«, sagte Javier.

KAPITEL 13

Wir liefen also schleunigst aus der Alten Weintraub-Villa. Und wir hörten nicht auf zu laufen, bis wir auf Javiers Veranda standen. Wir sahen uns die Aufnahme an, vom Anfang, wie ich die Eingangsstufen hochlief, ganz sorglos und optimistisch, bis zum Ende, wo nur noch mein Hintern im Bild war, während ich den Küchenboden trocken wischte.

»Passt das so?«, fragte Javier.

»Ich denke schon«, sagte ich. »Sobald du die letzte Szene gelöscht hast.«

»Als ob«, sagte mein Freund seelenruhig.

Erst als ich zu Hause ankam, fiel mir Carolines Buch wieder ein. Das immer noch auf dem Küchentisch in der Alten Weintraub-Villa lag. All meine Ideen, wie ich die Geschichte interessant gestalten konnte. All meine Sinneseindrücke.

Mist. Ich würde wohl oder übel zurückgehen und es holen müssen. Aber nicht heute. Zuerst würde ich dem Eindringling/der Haushaltshilfe/Mr. Weintraubs Geist Zeit geben, zu verschwinden. Und nicht mal ich hatte jetzt noch Lust, zwischen meinem und Javiers Viertel hin- und herzulaufen.

Ich duschte, aber erst nachdem ich vorsichtig den

Duschvorhang geprüft hatte, versteht sich. Dann schlug ich die Zeit bis zum Abendessen damit tot, in meinem aktuellen Lieblingscomputerspiel *Pickel-Patrouille* das Kinn-Level zu schaffen.

Am Sonntagnachmittag gingen Javier und ich noch mal zur Alten Weintraub-Villa zurück. Er war zwar nicht sehr angetan von der Idee, kam aber trotzdem mit, was eine der Eigenschaften war, die ihn zu einem guten Freund machten.

Ich benutzte wieder den Schlüssel, um die Haustür zu öffnen, und ohne für Sinneseindrücke oder Insektenangriffe haltzumachen, liefen wir in die Küche, wo wir das Buch auf dem Tisch fanden. Diesmal war da kein Kaffee – alles war genau so, wie wir es zurückgelassen hatten.

Dachten wir zumindest, bis wir wieder bei Javier zu Hause waren.

Zuallererst und kaum zu übersehen: Da war ein brauner Ring auf der ersten Seite des Buches. Die Art von Ring, die entstehen würde, wenn jemand eine Kaffeetasse darauf abgestellt hätte. Nur hatte ich das nicht. Und Javier genauso wenig. Was bedeutete, dass jemand – oder *etwas* – zwischen unseren Besuchen gestern und heute eine Kaffeetasse auf den Papierstapel gestellt hatte.

»Bist du sicher, dass der vorher nicht da war?«, fragte Javier.

»Ich trinke keinen Kaffee«, sagte ich.

»Wahrscheinlich besser so«, sagte Javier. »Du bist sowieso schon eher der nervöse Typ.«

»Ich bin nicht nervös«, sagte ich. »Nur, wenn es einen guten Grund dafür gibt. Ich bin nervös, wenn jede andere halbwegs intelligente Person auch nervös wäre.«

»Vielleicht war es deine Tante, bevor sie dir die Seiten überhaupt gegeben hat«, schlug Javier vor.

»Sie war's nicht«, sagte ich. »Guck hier – siehst du, wo ich ›Warum ein Frosch?‹ auf die erste Seite geschrieben hab?«

»Ja. Und das ist eine gute Frage.«

Ich nickte. »Und siehst du, wie es ein bisschen verschmiert ist vom Kaffee?«

»Mhm.«

»Na ja, das hätte nicht passieren können, wenn ich meine Notiz geschrieben hätte, *nachdem* die Kaffeetasse auf das Papier gestellt wurde. Es hätte nur passieren können, wenn jemand – oder *etwas* – die Kaffeetasse auf meiner Schrift abgestellt hat.«

»Also«, sagte Javier, »forensisch gesehen, müssen wir schlussfolgern, dass jemand – oder *etwas* – im Haus war, nachdem wir da waren. Oder noch im Haus war, als wir gegangen sind. Und dass er oder sie oder *es* noch eine Tasse Kaffee getrunken und sie genau auf dieser Seite abgestellt hat.«

»Forensisch gesehen, ja.«

KAPITEL 14

»Ich glaube nicht, dass *etwas* Kaffee trinkt«, sagte Javier, nachdem er einen Moment lang nachgedacht hatte. »Ich bin mir ziemlich sicher, dass wir uns auf *jemanden* beschränken können.«

»Sehe ich auch so«, sagte ich. Ich hatte begonnen, durch die Manuskriptseiten zu blättern. »Denn *etwas* schreibt für gewöhnlich auch keine Ratschläge an die Ränder von Büchern, oder?«

Ich gab Javier Seite 2 von Carolines Buch, auf die ich das Gruselzeug und die Anwesenheit und Wo war Opa? geschrieben hatte.

Dort, mit der Tinte des *Rotstifts der Verbesserungsideen*, stand etwas in meiner Schrift geschrieben. Aber darunter waren noch mehr Wörter. Sehr viel mehr. In schwarzer Tinte.

Javier las sie laut vor:

> Wie wäre es mit einem Zeitstrudel? Opa könnte von einem mächtigen Zauberer in einem Zeitstrudel gefangen gehalten werden. Das würde erklären, warum das Haus so aussieht, als hätte es lange leer gestanden.

Er sah von der Seite auf. »Ein Zeitstrudel. Das ist eine echt coole Idee.«

»Schon, oder? Lies weiter.«

Vielleicht ist Opa selbst ein Zauberer und hat eine Schlacht gegen einen mächtigeren (und bösen) Feind verloren.

»Feinde funktionieren immer«, sagte ich. »Jeder hat gerne einen mächtigen Feind in einem Buch. Vor allem, wenn er böse ist.«

»Stimmt«, bestätigte Javier. Dann las er weiter:

Gerald wird seinen Opa natürlich aus dem Zeitstrudel des bösen Zauberers retten müssen.

Was ungefähr so war wie meine Abflusskanal-Idee, nur zehnmal besser.

»Und was passiert dann?«, fragte Javier und blätterte schnell die Seiten durch. »Wie geht es aus?«

»Sie bekommen einen Preis für die größte Zucchini auf dem Dorffest«, sagte ich.

»Nicht wirklich, oder?«

Aber als er bis zum Ende geblättert hatte, sah Javier, dass es wirklich so war. Der *Schwarzstift der Spannung* hatte über die zweite Seite hinaus nichts geschrieben. Gerald und Opa würden weiterhin nur mit einer großen Zucchini für ihre Mühen belohnt werden.

»Das ist so enttäuschend«, sagte Javier.

»Ach nee. Aber wer auch immer das geschrieben hat, hat ein paar gute Ideen. Wenn sich Caroline auf die Vorschläge einlässt, kann sie vielleicht selbst Opas Rettung einbauen und ein anderes Ende schreiben.«

»Was, wenn Opa gar kein Gemüse in seinem Garten anbaut?«, sagte Javier einen Augenblick später. »Was, wenn er andere, viel interessantere Pflanzen anbaut? Magische Pflanzen. Weil er ein mächtiger Zauberer ist.«

»Das ergibt Sinn«, sagte ich. »Welcher respektable Zauberer würde schon Gemüse anbauen? Hier.« Ich gab ihm einen Stift von seinem Schreibtisch. »Schreib das auf.«

Das tat er. Dann sah er auf. »Das ist gut«, sagte er.

Ich nickte.

»Nur eine Sache«, sagte Javier.

»Was denn?«

»Gerald ist auf keinen Fall ein Frosch.«

KAPITEL 15

»Du musst das Wasser salzen«, erinnerte ich meine Mutter an diesem Abend. »Das ist deine einzige Möglichkeit, die Nudeln zu würzen.«

»Drück dich nicht die ganze Zeit bei mir herum«, sagte sie. »Du bist für das Dressing zuständig, weißt du noch?«

Ich verkrümelte mich, jedoch erst, nachdem ich eine Handvoll Salz in den Topf auf dem Herd gegeben hatte. Vor drei Jahren im Sommer, als ein paar Kinderbetreuungspläne ins Wasser gefallen waren, hatte ich viel Zeit mit meiner Oma Sally verbracht. Sie selbst kochte zwar nicht, war dafür aber ein großer Fan von Kochsendungen. In diesem Sommer lernte ich vieles, allem voran, wie wichtig Salz ist.

»Das hab ich gesehen«, sagte meine Mutter gereizt. »Caroline und Lu sind da – mach ihnen die Tür auf.«

Caroline und Lulu aßen mit uns zu Abend. Caroline kam mit einem frischen Papierstapel herein und sah ziemlich zufrieden mit sich aus. Lulu, andererseits, wirkte etwas verstimmt. Sie sagte, die Schwangerschaft bereite ihr ein flaues Gefühl im Magen.

Caroline und meine Mutter setzten sich nebeneinander an den Küchentisch und begannen, die Zutaten für den Salat klein zu schneiden – beide hatten sie dieselbe, schlechte

Messertechnik. Sie konnten sich glücklich schätzen, zusammen noch zwanzig unversehrte Finger zu haben.

Ich ging zurück an die Arbeit an meiner berühmten Limetten-Vinaigrette.

Lulu kam in die Küche, als ich gerade dabei war, eine Emulsion herzustellen – ein ausschlaggebender, manchmal kniffliger Schritt bei der Dressing-Herstellung, bei dem man das Öl und die Säure (in diesem Fall Limette) miteinander vermischt. »Alex!«, sagte sie. »Kommst du mal kurz?«

Ich mischte erst noch fertig – der Emulgierungsprozess lässt sich nicht einfach so beschleunigen, wie jeder Kochsendungs-Profi weiß – und nickte.

Lulu packte mich am Oberarm und zog mich ins Wohnzimmer. »Danke, dass du Caroline mit ihrem Buch hilfst«, sagte sie, als wir alleine waren. »Es bedeutet ihr so viel. Ich glaube, sie war wegen dem, was die Agentin gesagt hat, viel aufgebrachter, als sie sich hat anmerken lassen. Es tat mir fast schon leid, dass ich mich eingemischt habe.«

»Klar«, sagte ich. »Es macht irgendwie Spaß.«

»Sie war wirklich begeistert von deinen Vorschlägen«, sagte Lulu. »Sie ist extra lange aufgeblieben, um die ganze erste Szene umzuschreiben und sie … ominöser zu machen? Das war doch deine Idee, oder?«

»Ich hatte eher an gruselig mit etwas Gefahr gedacht. Gefahr in einem Buch ist wie Salz im Essen«, fuhr ich fort, als wüsste ich, wovon ich redete. »Du musst ein bisschen was davon hinzufügen, um es interessant zu machen.«

»Genau. Aber können wir bitte nicht von Essen sprechen?«, bat Lulu. »Ich glaube, sie hat genau das gemacht, was du gesagt hast. Sie will es mir aber nicht zeigen. Erst will sie deine Zustimmung.«

Seltsamerweise freute es mich, das zu hören.

»Egal, ich möchte, dass du weißt, dass du ein toller Neffe bist und dass du einen ebenso tollen Cousin abgeben wirst!« Lulu zog mich in eine Umarmung, was ich nicht so gern mochte. »Und wenn du mich jetzt entschuldigen würdest«, sagte sie, »ich werde mich draußen auf die Veranda setzen, wo mich der Essensgeruch nicht erreichen kann.«

Und dann rannte sie praktisch zur Tür hinaus.

KAPITEL 16

Die Nächste, die mich am Arm packte, war Caroline. Warum waren meine Tanten heute Abend nur so übergriffig? Ich hoffte, dass das nicht zur Gewohnheit werden würde – sonst würde mein Arm ausleiern und nicht mehr zu dem anderen passen.

»Alex«, sagte sie und zog mich zum Sofa. »Ich bin so aufgeregt wegen dem neuen Buchanfang.«

»Toll«, sagte ich, als sie sich hinsetzte und mich mit sich herunterzerrte. Ich zog meinen Arm wieder zu mir und behielt ihn jetzt nah an meiner Seite.

Sie fuhr sich mit den Fingern durch die Haare, fasste sie zu einem Pferdeschwanz zusammen und ließ sie wieder los. »Es ist nur …«, fing sie an. Pferdeschwanz, kein Pferdeschwanz. »Jetzt, wo ich den gruseligen Anfang und die Anwesenheit und den verschwundenen Opa habe …«

Sie drehte den Pferdeschwanz zu einem Dutt, kein Dutt. Sie würde eine Glatze haben, wenn das Gespräch vorbei war. Das Gute daran: Mein Arm war in Sicherheit.

»Ich weiß«, sagte ich. »Wie soll es weitergehen? Ich hab ein bisschen darüber nachgedacht.«

»Wirklich?«

»Ich hab Notizen. Ich hol sie schnell.«

»Äh, okay, ja klar.«

Ich lief die Treppe hoch und kam mit dem Ausdruck des Buches zurück.

Ihre Haare und meinen Arm ließ sie in Ruhe, während sie die Notizen auf den ersten Seiten las.

»Alex, diese Sinneseindrücke sind unglaublich!«, sagte sie. »Die Spinnweben, die knarzigen Böden … Du hast eine ziemlich lebhafte Fantasie.«

Ich lächelte bescheiden.

»Witzig, wie sich deine Handschrift verändert, wenn du den Stift wechselst«, sagte sie.

Damit hatte sie mich kalt erwischt. Natürlich dachte sie, dass alle Ideen, die da auf den Seiten standen, meine waren. Von wem sollten sie sonst sein? Ich konnte ihr schlecht erzählen, dass ein Großteil der Beiträge von einem Kaffee trinkenden Geist oder vielleicht einer Haushaltshilfe stammte. Das war viel zu kompliziert. »Hm?«, brachte ich heraus.

Glücklicherweise ging sie nicht weiter darauf ein. Sie war zu beschäftigt mit Lesen. »Ein Zeitstrudel und ein Zauberer … Das geht definitiv in eine neue Richtung. Aber …« Sie wollte nach ihren Haaren greifen, überlegte es sich dann aber anders. »Ich weiß einfach nicht, ob das mein Stil ist.« Sie betrachtete mich so lange, dass es unangenehm wurde. Endlich sagte sie: »Interessieren sich denn Kinder in deinem Alter für so eine übernatürliche Richtung?«

»Klar«, sagte ich. Guckte sie denn kein Fernsehen?

»Das würde auf jeden Fall das Problem mit dem verschwundenen Opa lösen. Und ihn zu einem Zauberer zu machen – das würde ich hinbekommen.« Sie las weiter. Dann sagte sie: »Das mit den magischen Pflanzen, die Opa anbaut, finde ich super ... Was wäre, wenn wir ihn statt zu einem Zauberer zu einem ... Meister der Zaubertränke machen? Er baut magische Pflanzen an, um sie für seine Zaubertränke zu benutzen. Was glaubst du, würde das auch funktionieren?«

»Klar«, sagte ich. »Und Gerald kann Opa retten, oder? Vor dem bösen Zauberer und dem Zeitstrudel? Nach einer Art Schlacht?«

»Gerald *muss* Opa retten«, sagte Caroline. »Das war auch im Original so.«

Wirklich? Ich nickte höflich.

»Aber eine echte *Schlacht*. Ich weiß nicht so recht. Ich will nicht, dass es zu brutal wird. Macht das Kindern denn keine Angst?«

Sie guckte wirklich kein Fernsehen. Oder irgendwelche Filme.

»Ganz bestimmt nicht«, sagte ich. »Aber du könntest ihm auch ein paar andere Nicht-Schlacht-Sachen zu tun geben – du weißt schon ...«

»Aufgaben!«, sagte Caroline. »Intelligenztests und Charakterproben.«

»Jaa«, sagte ich zögerlich. Denn ich hatte eher an so etwas wie coole Abenteuer und heroische Taten gedacht. Ich hoffte, sie würde Gerald keine mathematischen Probleme oder gemeinnützige Arbeit aufhalsen.

Sie grinste mich an. »Ach, und Alex?«, sagte sie.

»Ja?«

Ihr glänzend pinker Fingernagel tippte auf die erste Buchseite und meine Originalnotiz Warum ein Frosch?.

»Das hat sich schon erledigt«, sagte sie. »Gerald ist kein Frosch mehr.«

Das war eine Erleichterung.

»Und die *Zucchini*?«, musste ich einfach fragen und wappnete mich.

»Kompost«, sagte Caroline.

KAPITEL 17

Am Montag berichteten Javier und ich Marta beim Mittagessen in der Schule von unserem Wochenende. Marta hatte eine Schlinge um den Arm, weil sie sich am Samstag, bei dem Versuch einen Handstand auf ihrem Skateboard zu machen, den Arm gebrochen hatte. Wenigstens passte die lila Schlinge zu ihrem Stirnband, mit dem sie ihre Ponystoppeln versteckte.

Sagen wir einfach mal, dass dies nicht Martas erster Knochenbruch war und auch nicht ihr letzter sein würde. Marta war die Regisseurin von Javiers Videoserie über dumme Stunts. Gleichzeitig war sie auch der Star der Serie. Genau genommen durfte sie wegen ein paar Filmunfällen in der Vergangenheit und einer strengen Mutter keine Zeit mehr mit uns verbringen, aber Marta lebte ihr Leben nicht nach Genauigkeiten. Und außerdem konnte sie sich beim Mittagessen wohl kaum verletzen. Hofften wir zumindest.

»Das glaub ich jetzt nicht, dass ihr zwei ohne mich eingebrochen und reingegangen seid«, beschwerte sie sich.

»Wir sind nicht eingebrochen«, erwiderte ich. »Wir sind nur reingegangen. Mit einem Schlüssel. Und du hattest Hausarrest.«

»Ihr wisst ganz genau, dass ich sofort da gewesen

wäre«, sagte sie. »Und ihr glaubt wirklich, dass es in dem Haus spukt?«

»Vielleicht«, sagte ich, gerade als Javier »Natürlich nicht« sagte.

»Wir glauben, dass es eine Haushaltshilfe war, die Kaffee mag«, gab ich zu.

»Und Literaturkritik«, sagte Javier, ohne von seinem vegetarischen Chili aufzusehen, aus dem er sorgsam die Maiskörner herauspickte und sie ordentlich auf seiner Serviette aufreihte.

»Er oder sie hat nicht kritisiert, sondern Vorschläge gemacht«, sagte ich.

»Ist doch dasselbe«, sagte Javier. »Wenn es schon perfekt gewesen wäre, wären keine Vorschläge mehr nötig.«

»Stimmt«, sagte Marta, den Mund voll mit Javiers verschmähtem Mais. »Meine Mum mascht die gansche Scheit Vorschläge schu meinen Enscheidungen« – hier schluckte sie, Gott sei Dank –, »und glaubt ja nicht, dass das keine Kritik ist.«

Wir kannten Martas Mum. Das war hundertprozentig Kritik.

»Wir müssen uns also im Spukhaus umsehen, oder?«, sagte Marta. »Vorzugsweise bei Nacht.«

»Wir gehen da nicht noch mal rein«, sagte ich, gerade als Javier »Doch nicht bei *Nacht*« sagte.

Marta verdrehte die Augen. Keine dieser Antworten war die Reaktion, auf die sie gehofft hatte. Sie hatte auf etwas gehofft wie: *Natürlich gehen wir noch mal hin! Zum*

Glockenschlag um Mitternacht! Und damit es noch mehr Spaß macht, nehmen wir keine Handys und schon gar keine Taschenlampe mit!

»Nächstes Mal komme ich mit«, sagte sie. »Ich stelle ein bisschen was an Geisterjägerausrüstung zusammen.«

»Du meinst wohl eher Haushaltshilfen-Jägerausrüstung?«, sagte Javier. »Du weißt schon, vielleicht ein paar Schwämme, die wir als Köder auslegen können?«

»Du bist ja *sooo* witzig«, sagte Marta. »Und ein kompletter Schwachkopf.«

»Hat deine Tante denn alle Vorschläge angenommen?«, fragte mich Javier. »Die an den Rändern? Was ist mit meiner Magischen-Pflanzen-Idee?«

»Sie war von allem richtig begeistert«, erzählte ich. »Sie wird den Zauberer und den Zeitstrudel und die magischen Pflanzen einbauen und mir eine neue Version schicken, sobald sie fertig ist.«

»Was ist mit der Froschsache?«

»Erledigt.«

»Zucchini?«

»Gestrichen.«

»Okay, klingt gut.«

KAPITEL 18

Caroline meldete sich am Nachmittag – sie musste wieder die ganze Nacht aufgeblieben sein und geschrieben haben – mit einer neuen Version von *Gerald besucht Opa* (zu dem Titel würden wir ein paar »Vorschläge« machen müssen). Sie war viel kürzer als vorher, weil sie die Mitte und das Ende der Geschichte weggelassen hatte. Ich druckte eine Papierversion für mich selbst aus und schickte Javier und Marta die Mail mit dem Anhang weiter, da sie die neue Version auch lesen wollten.

Marta schrieb mir zurück, noch bevor ich überhaupt angefangen hatte zu lesen.

Das kriegen wir hin, schrieb sie.

Ich schickte ihr das klassische Fragezeichen zurück.

(Ich werde die Textnachrichten hier so aufschreiben, als ob wir miteinander geredet hätten, denn sie so aufzuschreiben, wie wir sie verfasst haben, wäre viel zu kompliziert. Marta benutzt je nach Laune schon mindestens sechs verschiedene Emojis nur für »Schwachkopf«.)

Das Dach. Wir können ihn da runterholen.

Warte kurz, schrieb ich.

Ich überflog das Kapitel. Caroline hatte ganze Arbeit geleistet – es war viel weniger langweilig als die Originalversion. Opas Haus war gruselig, und es gab ein paar

Anzeichen für Gefahr, und man konnte eine Anwesenheit erahnen. Und die Sinneseindrücke funktionierten wirklich gut. Das alles hatte ich auch so erwartet. Aber dann überraschte mich meine Tante.

Als Gerald seinen Opa nirgends finden konnte, durchsuchte er das Haus. Und währenddessen fing es an, sich aufzulösen. Zimmer für Zimmer verschwand es und hinterließ nur ein dunstiges Nichts.

Gerald musste schnell wegrennen, um dem Nichts zu entkommen, und landete im zweiten Stock, wo er aus einem Fenster auf ein Vordach kletterte. Dort saß er dann fest, weil das ganze Innere des Hauses nun weg war, obwohl die Außenseite mysteriöserweise noch existierte.

Dann war der Text zu Ende. Die letzte Zeile, die in einer anderen Schriftart geschrieben war und – was mir erst klar wurde, nachdem ich einen Moment lang verwirrt daraufgestarrt hatte – nicht zur Geschichte gehörte, lautete:

»Wie bekomme ich ihn vom Dach herunter?«

Das hatte Marta also in ihrer Textnachricht gemeint. Wie Gerald wieder vom Dach herunterkam. Und wenn irgendwer wusste, wie man jemanden von einem Dach herunterbekam, dann Marta. Es gab nur ein Problem: Martas Erfahrungen im Verlassen von Dächern beinhalteten für gewöhnlich einen Sturz aus großer Höhe, gefolgt von einem schmerzhaften Aufprall.

Okay, fertig, schrieb ich Marta und Javier. Wie kriegen wir ihn von dem Dach runter?

Wie wär's mit einem Ast?, schrieb Marta. Er könnte sich an einem Ast festklammern und sich vom Baum auf den Boden schwingen wie ein Affe.

Zu vorhersehbar, schrieb Javier sofort zurück.

Außerdem ist Opa ein Gärtner, schrieb ich. Er würde keinen Ast so nah am Haus wachsen lassen. Mein Dad war total übervorsichtig, wenn es um Bäume in Hausnähe ging, ich wusste also, wovon ich sprach.

Oh Mann, schrieb Marta. Okay, wie wär's mit der Dachrinne? Er könnte an einem der Ablaufrohre runterrutschen.

Weiß nicht, ob er das wirklich könnte, schrieb Javier.

Wie machen die das denn in Filmen?, fragte Marta.

Wie machen die denn überhaupt alles in Filmen?, fragte Javier.

Und in Büchern?, fragte ich.

Meiner Meinung nach ein berechtigter Einwand, die anderen beiden ignorierten ihn aber.

Vielleicht ein Rankgitter?, schrieb Javier nach kurzer Unentschlossenheit. Wir haben eins für Efeu neben unserem Wintergarten. Vielleicht könnte er daran herunterklettern wie auf einer Leiter.

Das war keine schlechte Idee. Aber Gerald war jetzt ein Junge, kein Frosch mehr. Er war sehr viel schwerer als vorher.

Würde ihn so ein Gitter denn aushalten?, fragte ich.

Natürlich war es Marta, die antwortete: Es gibt nur eine Möglichkeit, das herauszufinden!

KAPITEL 19

Da war ich also am nächsten Nachmittag, saß auf dem Dach von Javiers Veranda, starrte auf das obere Ende des Rankgitters und dachte über Schwerkraft nach. Das Gitter sah geradezu zerbrechlich aus. Und wie war es überhaupt im Boden verankert? Das konnte ich von hier oben nicht erkennen, und wir hatten nicht nachgeschaut, bevor ich aus dem Fenster von Großtante Rosas Zimmer hier rausgeklettert war.

Javier und Marta blieben drin, Großtante Rosa war glücklicherweise nicht zu Hause.

Javier filmte mich.

Marta gab mir Anweisungen.

»Es ist ganz easy«, sagte sie. »Rutsch einfach auf deinem Hintern die Dachschräge runter. Du brauchst gar nicht aufzustehen.«

Es war von vornherein gar keine Frage, dass ich auf dem Dach aufstand, und ich finde, das hätte auch längst jedem klar sein sollen.

Es stellte sich heraus, dass Dächer, die vom Boden aus betrachtet nicht sehr steil oder hoch aussehen, ganz anders sind, wenn man auf ihnen drauf ist. Wenn man auf ihnen drauf ist, fühlen sie sich an wie eine Wasserrutsche und ein Sprungturm in einem. Nur ohne Wasser, in dem man landen kann. Und das machte einen großen Unterschied, wenn ich jetzt so darüber nachdachte.

Als Marta einen Realitätscheck für die Rankgitter-Idee vorgeschlagen hatte, hatte sie sich natürlich selbst in der Rolle der Stuntwoman gesehen. Dann musste sie aber doch zugeben, dass nicht einmal sie mit nur einem Arm und dem anderen in einer Schlinge aus einem Fenster kriechen und dann ein Rankgitter hinunterklettern konnte.

Also blieb es an mir hängen.

Ich saß mehr schlecht als recht auf dem Verandadach und versuchte, so viele Sinneseindrücke wie möglich aufzunehmen, solange ich noch konnte. Die späte Nachmittagssonne auf meinem Gesicht. Die groben Ziegel unter meinen Händen. Das eisige Prickeln der Angst, das in meine Knie und meine Bauchgegend sickerte. Ich machte diese Pause teilweise für das Buch, größtenteils wollte ich aber nur Zeit schinden.

»Alex, es wird schon bald dunkel«, sagte Marta. »Jetzt mach endlich!«

»Ich mach ja schon, ich mach ja schon«, sagte ich.

Langsam rutschte ich auf meinem Hintern das Dach hinunter, wie Marta vorgeschlagen hatte. Als ich an den Rand kam, wo das Rankgitter an das Haus gelehnt war, stieg ich vorsichtig mit einem Fuß darauf, um herauszufinden, wie tragfähig es war. Es fühlte sich stabil an – es war keines dieser Plastikteile. Das war schon mal gut. Nicht so gut war allerdings, was Javier als Nächstes sagte.

»Warte dort«, rief er. »Ich muss runterlaufen und den Rest von unten filmen.«

Was mich buchstäblich in einer waschechten Cliffhanger-Situation zurückließ.

KAPITEL 20

Ich wartete am Rand des Daches darauf, dass Javier und Marta unter mir auf dem Rasen auftauchten. Ich glaubte schon fast, sie hätten sich irgendwo einen Snack geholt, als ich endlich die Hintertür zuknallen hörte.

»Und … Action!«, sagte Javier, sobald er bereit war. Er und Marta kicherten.

Ich musste das Rankgitter mit dem Gesicht zum Haus hinunterklettern. Das bedeutete, dass ich mich auf dem Dach auf meinen Bauch rollen und mit meinen Füßen nach Stellen im Rankgitter tasten musste, auf die ich auftreten konnte. Nichts davon sah vorteilhaft aus, wie ich später beim Anschauen des Videos feststellte. Javier hatte keinen Wert darauf gelegt, ein paar glamouröse Aufnahmen von unten zu machen, und genauso wenig hatte ich oben dafür gesorgt, dass er welche bekam.

Nachdem meine Füße den ersten Halt gefunden hatten, schob ich mich auf dem Bauch weiter das Dach herunter, bis ich den nächsten Tritt fand. Irgendwann war ich so weit heruntergeklettert, dass ich mich nun auch mit den Händen an dem Rankgitter festhalten musste.

»Wie ist dieses Ding verankert?«, rief ich.

»Verankert?«, fragte Marta, was nicht besonders ermutigend war.

»Ich will sicher sein, dass es nicht nach hinten kippt, wenn ich mich mit meinem ganzen Gewicht daraufstütze«, sagte ich.

»Ich kann es festhalten«, bot Marta an.

Marta wog auch ohne das Gewicht des Rankgitters nicht so viel wie ich, weswegen mich das kein bisschen beruhigte.

»Lehn dich nicht nach hinten«, sagte Javier. »Verlager dein Gewicht nach vorne.«

Jetzt hing ich an dem Rankgitter wie Spiderman, nur ohne die klebrigen Hände und Füße. Oder das Selbstbewusstsein.

»Das machst du super«, rief Marta unter mir.

Tat ich auch. Irgendwie. Zumindest für eine Weile.

Langsam kletterte ich das Rankgitter hinunter und versuchte, mein Gewicht nach vorne zu verlagern, was auch immer das bedeutete. Gerade als ich mich genug entspannte, um über Sinneseindrücke nachzudenken, erregte ein bestimmtes Geräusch meine Aufmerksamkeit.

Es war das Geräusch des brechenden Rankgitters unter meinem linken Fuß.

KAPITEL 21

Glücklicherweise war ich bereits mehr als die Hälfte heruntergeklettert, als ich fiel. Unglücklicherweise fiel ich aber blöd und landete komisch auf meiner Hand. Sie tat gar nicht so weh, bis ich sie anschaute. Der Zeigefinger war viel weiter nach hinten gebogen, als es irgendein Finger je sein sollte. Sobald ich das gesehen hatte, tat es auf einmal ziemlich weh.

Marta bemerkte es und fing an zu schreien. Was seltsam war, denn Marta kann praktisch mitansehen, wie ihr eigenes Blut in pulsierenden Fontänen aus ihr herausschießt, und dabei lauthals lachen. Aber wenn sie die Verletzung eines anderen sieht, flippt sie aus. Auf ihrer Karriereliste stand also: Stuntwoman: Ja; Ärztin: Nein.

Ich lag auf dem Gras, hielt meine verletzte Hand und kämpfte gegen den Brechreiz an, als plötzlich ein Schatten über mir auftauchte. Es war ein langer Schatten, weil es schon spät am Tag war, nicht, weil die Besitzerin des Schattens groß war. Denn das war sie nicht.

»Was ist denn hier los?«, fragte Großtante Rosa.

»Alex hat sich den Finger abgebrochen«, sagte Marta.

»Und wo ist er jetzt?«, fragte Großtante Rosa.

»Wo ist was?«, fragte Marta.

»Der Finger.«

»An meiner Hand«, sagte ich.

»Also hast du ihn dir nicht ganz abgebrochen.«

»Er baumelt vielleicht nur noch an einem Faden«, sagte Marta. »Oder an einer Sehne oder so«, fügte sie hinzu, um medizinischer zu klingen, vermutlich.

Großtante Rosa kniete sich neben mich ins Gras, wobei sie darauf achtete, den Saum ihres Kleides nicht schmutzig zu machen. Sie nahm meine verletzte Hand in ihre beiden Hände. »Der Finger ist noch ganz dran«, sagte sie, während sie sanft meine Hand umdrehte. »Aber er ist verstaucht. Warte hier.« Sie stand auf und ging ins Haus.

»Ruft sie einen Krankenwagen?«, fragte Marta. Marta kannte die meisten Sanitäter in der Gegend gut und hatte bestimmte Lieblinge unter ihnen.

Mein Magen – der schon verstimmt war, um Lulus Worte zu benutzen – zog sich zusammen. Ich hatte eine Heidenangst davor, den Notruf zu wählen. Ich hätte überfahren unter den Rädern eines Traktors liegen können und trotzdem gekrächzt: *Nicht den Notruf wählen*. Aber das ist eine andere Geschichte.

»Niemand braucht einen Krankenwagen zu rufen«, sagte ich. »Mir geht's schon viel besser.«

»Sie holt den Erste-Hilfe-Koffer«, erklärte Javier.

»Ich hoffe, es ist ein Erste-Hilfe-Deluxe-Koffer«, sagte Marta, die anscheinend auch unter den Erste-Hilfe-Koffern ihre Vorlieben hatte. »Die Standardausführung wird bei etwas so Grauenhaftem wie dem hier nicht ausreichen.«

KAPITEL 22

Trotz Martas Nörgelei kam Großtante Rosa mit dem Standard-Erste-Hilfe-Koffer gut aus. Tatsächlich schaffte sie es, meinen Finger so zu verbinden, dass er wieder in einer normalen Position war.

Als sie fertig war, gab sie mir meine Hand zurück und fragte: »Besser so?«

»Viel besser«, sagte ich. Ich setzte mich auf, und die Übelkeit ließ langsam nach. Vor allem, seit der Notruf vom Tisch war.

Sie nickte.

»Danke!«, fügte ich noch zerstreut hinzu, als Großtante Rosa schon zum Haus zurückging. Sie winkte, ohne sich umzudrehen.

Sie hatte nicht gefragt, was passiert war. Wobei sie vielleicht auch das gebrochene Rankgitter gesehen hatte und es sich denken konnte. Aber ebenso wenig hatte sie gefragt, *warum* es passiert war, was Erwachsene sonst meistens taten.

»Wieso kann sie so gut mit dem Verbandszeug umgehen?«, fragte ich Javier.

»Sie war Krankenschwester, ungefähr im Krimkrieg.«

»Im Krimkrieg?«, wiederholte ich. »Das war doch Florence Nightingales Krieg, oder?«

»Ich hab doch nur Spaß gema–«, begann Javier, genau als Marta fragte: »War deine Großtante mit dieser Florence Nightingale befreundet?«

Und wieder einmal wunderte ich mich darüber, wie es sein konnte, dass wir alle zur selben Schule gingen und so verschiedene Wissensstände hatten.

»Und, hast du alles gefilmt?«

»Bis du runtergefallen bist«, sagte er. »So eiskalt bin ich dann auch wieder nicht.«

»Also, ich glaube, Gerald könnte ein Rankgitter benutzen, um vom Dach herunterzukommen«, sagte ich.

»Zumindest ein Stück«, sagte Marta.

»Das Problem hätten wir also gelöst«, sagte ich. »Das erzähl ich gleich Caroline.«

Ich stand auf und entschied, dass es mir gut genug ging, um zu Fuß nach Hause zu gehen, obwohl mein Finger unter dem Verband immer noch pochte und sich meine ganze Hand acht Mal größer anfühlte als sonst.

Ich war schon auf halbem Weg zu Javiers Gartentor, als er mir nachrief: »Wir müssen dich wohl in eine bisschen bessere Form kriegen, wenn du deinen Opa finden willst.«

Und Marta fügte hinzu: »Du schaffst das. Du musst nur deine Schmerzgrenze überwinden.«

KAPITEL 23

Es fühlte sich falsch an, von Javier aus zu mir nach Hause zu gehen, anstatt zu laufen, aber mit dieser riesigen, pochenden Disneyfiguren-Hand, die an meinem Arm hing, ging es nicht anders.

Nach Hause zu gehen dauerte viel länger, als nach Hause zu laufen. Als ich endlich ankam, erklärte ich meiner Mutter, dass die Verletzung das Resultat eines ungewöhnlichen Hüpfstangen-Unfalls war. Das war zwar keine *komplette* Lüge, aber dieser besagte Unfall war schon vor zwei Jahren passiert, und damals hatte ich mich nicht so schlimm verletzt, dass ich es hätte erzählen müssen. Trotzdem hatten weder Javier noch ich die Hüpfstange seitdem auch nur eines Blickes gewürdigt. Die Dinger machen nicht so viel Spaß, wie sie aussehen.

Nach dem Abendessen schrieb ich Caroline, mit den meisten meiner Finger, eine E-Mail, in der ich ihr von dem Rankgitter berichtete, und beschrieb genau, wie Gerald daran von dem Dach herunterklettern konnte. Von einem Sturz oder einer Verstauchung sagte ich nichts. Ich ließ Gerald eher ziemlich anmutig und athletisch wirken.

Sie schrieb beinahe sofort zurück.

Großartige Lösung! Natürlich sollte Opa ein Rankgitter haben. Ich habe da aber noch eine Idee. Um es spannender zu machen, lasse ich Gerald auf halber Höhe runterfallen. Es wäre interessanter, wenn er zu Beginn ein bisschen tollpatschig ist, oder? Dann fiebern die Leser später mehr mit, wenn er ein bisschen geschickter wird.

Ein bisschen tollpatschig? Echt jetzt? Offensichtlich hatte ich die ganze Sache sehr viel einfacher klingen lassen, als sie eigentlich gewesen war. Aber ich tröstete mich mit der Vorstellung, dass Opas Rankgitter, anders als das von Javier, besonders stabil sein müsste, um seinen magischen Wein oder was auch immer zu stützen. Also würde es auch nicht einfach unter Gerald zusammenbrechen, wenn er daran herunterkletterte. Im Gegensatz zu mir müsste Gerald also *wirklich* ein bisschen tollpatschig sein, um von Opas stabilem Rankgitter zu fallen.

Ungefähr eine Stunde später kam eine neue Version des Buchs von Caroline. Sie konnte ziemlich schnell schreiben, so viel stand fest. Sie hatte die Szene mit dem Rankgitter und dem Sturz eingebaut. So weit, so gut. Aber da war ein neuer Hilfeschrei am Ende des Absatzes.

»Wie soll es jetzt weitergehen? Wie, um Himmels willen, soll Gerald denn die Sache mit dem Zeitstrudel herausfinden, geschweige denn Opa daraus retten?«

Darauf hatte ich auch keine Antwort.

Javier und Marta auch nicht, wie sich am nächsten Tag beim Mittagessen herausstellte. Eine Person von einem Dach herunterzubekommen, war eine Sache. Das war etwas, das wir selbst ausprobieren und aufnehmen und beschreiben konnten. Okay, es hatte vielleicht einen kleinen Unfall dabei gegeben, aber mein Finger war schon wieder fast normal. Gerald vom Ende eines Rankgitters bis in den Zeitstrudel eines Zauberers zu bekommen, war eine ganz andere Sache.

»Das ist ja ein richtiger Wendepunkt in der Handlung«, sagte Javier, während er die Rosinen aus seinem Haferflocken-Rosinen-Keks pulte. »Ist das nicht die Aufgabe der Autorin? Sich Wendepunkte in der Handlung zu überlegen?«

Wir waren uns alle einig, dass das so war. Normalerweise.

»Aber«, sagte ich, »wir sind diejenigen, die Caroline erst auf dieses ganze Zeitstrudel-Zeug gebracht haben – sie hatte an Gärtnern und Dorffeste gedacht.«

»Erinner mich bloß nicht daran«, sagte Javier.

»Warte mal kurz«, sagte Marta, nachdem wir eine Weile lang darüber nachgedacht hatten, wie langweilig preisgekrönte Zucchini waren. Sie warf sich eine Handvoll von Javiers Rosinen in den Mund. »War dasch nischt der Geischt, der diesche Idee mit dem Scheitschtrudel hatte?« Sie schluckte ihren Rosinenklumpen herunter und spülte mit einem Schluck Milch nach. »Und das war doch der große Wendepunkt in der Geschichte, oder?«

Sie hatte recht. Der große Wendepunkt in der Geschichte war die Idee des Geists gewesen.

»Also?«, sagte Marta, viel zu aufgeregt.

»Also was?«, sagten Javier und ich gleichzeitig.

»Also fragen wir doch einfach den Geist, was als Nächstes passiert!«

KAPITEL 24

Da ich immer noch den Schlüssel zu der Alten Weintraub-Villa hatte, war es nicht unmöglich, »den Geist zu fragen«, was als Nächstes passieren sollte. Und da es nicht unmöglich war, war es für Marta nur eine Frage des Drängelns, bis Javier und ich zustimmten, es zu versuchen.

Wir einigten uns darauf, am Nachmittag hinüberzugehen und den neuen Ausdruck unauffällig vorbeizubringen. Wir wollten ihn auf dem Küchentisch liegen lassen, nach Hause gehen und am nächsten Tag wiederkommen, um zu sehen, was passiert war. Wenn der Ghostwriter (wie wir sie oder ihn jetzt nannten) etwas beitragen wollte, konnte er das tun.

Wir trafen uns bei Javier. Ich hatte den Schlüssel und das Buch dabei. Javier seine Kamera. Und Marta einen verdächtig vollen Rucksack.

»Was hast du denn da alles drin?«, fragte Javier.

»Geisterjägerausrüstung natürlich«, sagte sie. »Wie versprochen.«

»Wir wollten doch gar keine Geister jagen«, sagte ich. »Wir wollten nur diesen Papierstapel vorbeibringen und wieder gehen. Oder?«

»Genau«, sagte Javier.

»Ja, ja, schon klar«, sagte Marta.

Als wir das Haus betraten, stellte Marta den Rucksack ab und fing an, wie Mary Poppins darin herumzukramen. Sie zog ein uraltes Fernsehantennen-Ding heraus, das sie offensichtlich aus dem Keller ihrer Eltern stibitzt und auf dessen Spitzen sie Kugeln aus Alufolie gesteckt hatte. Sie sah aus, als wäre sie recht stolz darauf – viel zu stolz.

»Damit empfangen wir jegliche Geisteraktivität«, behauptete sie, als sie die Antennen so weit wie möglich herauszog.

»Damit empfangen wir nicht mal irgendeine Fernsehaktivität«, sagte Javier. »Außer vielleicht eine Sendung aus den Siebzigern.«

»Was passiert denn, wenn das Ding einen Geist empfängt?«, fragte ich Marta.

»Es vibriert vielleicht«, sagte Marta. »Oder es summt. Möglicherweise wippt es auch.« Die Antenne wippte, als sie das sagte. »Das hab ich mit Absicht gemacht«, sagte sie schnell. Als ob Javier und ich auch nur für eine Sekunde etwas anderes gedacht hätten. »Aber wahrscheinlich wird sie so etwas in diese Richtung tun. Sie wurde vorher noch nie auf diesem Gebiet getestet, also wissen wir es erst genau, wenn es passiert.«

Natürlich passierte gar nichts. Wir schafften es in die Küche, ohne auch nur den Geist einer Spinnenassel aufzuspüren.

Ich legte den Papierstapel auf den Küchentisch. Auf der letzten Seite, auf der Carolines Frage stand, schaute ein Post-it heraus. Ich hatte es selbst dorthin geklebt. Mit einem roten Fragezeichen versehen, damit der Ghostwriter genau wusste, wo er hinschauen musste.

Javier und ich waren so weit und wollten wieder gehen. Aber Marta war zu ihrem Rucksack in der Eingangshalle gegangen und mit einer Art provisorischem Bergarbeiterhelm auf dem Kopf zurückgekommen. Bei genauerem Hinsehen erkannte man, dass es ein Polsterhelm aus Plastik aus dem Souvenirshop mit einer schlecht daran festgeklebten Taschenlampe war. Was von Martas Locken noch übrig war, stand rings um den Helm herum ab, sodass sie aussah wie der geisteskranke Clown aus den Albträumen aller Kinder.

»Es dauert nur ein paar Minuten«, sagte sie und schwang ihre Antenne wie ein Schwert vor sich her.

»Was dauert nur ein paar Minuten?«, fragte Javier.

»Die Erkundung des Kellers«, sagte Marta und riss die nächste Tür auf. »Kommt schon.«

KAPITEL 25

Marta war schon halb die Kellertreppe runter, als ihr auffiel, dass weder Javier noch ich ihr folgten.

»Jetzt kommt schon«, rief sie.

»Wir warten, bis du fertig bist«, sagte Javier und zog einen Küchenstuhl heran, um sich zu setzen.

»Sei nicht so ein Schwachkopf«, sagte Marta. »Ich brauche dich zum Filmen, falls etwas schiefgeht.«

Javier warf mir einen Blick zu, mit dem er mir zu verstehen gab, dass das Einzige, was hier seiner Meinung nach schiefging, die Tatsache war, dass Marta nicht mehr alle Tassen im Schrank hatte. Aber er griff trotzdem nach seiner Kamera.

»Also los«, sagte er zu mir.

»Ihr braucht mich doch gar nicht wirklich zum –«, fing ich an, aber er unterbrach mich.

»Du zuerst. Ich filme euch beide, nur für alle Fälle.«

»Für welche Fälle?«

Er antwortete nicht.

Marta war schon ziemlich weit hinten im Keller, als Javier und ich zu ihr stießen. Opas Haus war ja jetzt eigentlich ein einziges Nichts, es gab also genau genommen gar keinen Keller mehr, den Gerald hätte erkunden können. Trotzdem konnte ich nicht anders, als zu bemerken, dass dies kein Hobby-Keller, sondern ein Keller-Keller war: düster, modrig und kühl.

Ich schaute mich zögerlich um, und Javier filmte halbherzig, während Marta mit ihrem lächerlichen Helm und ihrer lächerlichen Antenne herumlief und nach wer weiß was suchte.

Dann hatte sie es gefunden.

»Leute«, sagte sie, »kommt mal her. Ich glaube, wir wissen jetzt, wer unser Geist ist.«

Soweit »wir« betroffen waren, gab es für Javier und mich gar keinen Geist. Aber wir gingen trotzdem zu ihr, weil wir genau wussten, dass das der schnellste Weg war, um aus dem Keller verschwinden zu können.

»Schaut mal, da«, sagte Marta triumphierend. Sie blendete uns mehrfach abwechselnd mit ihrer Stirnlampe, als sie von mir zu Javier und wieder zurückblickte.

»Sieht aus wie ein Haufen Kartons«, sagte Javier, der mit einer Hand seine Augen abschirmte.

Marta öffnete einen davon.

»Hey«, sagte ich, »Einbrechen ist eine Sache, aber die privaten Kartons anderer Leute zu öffnen … ist eine andere.«

»Wir machen sie ja auch nicht auf, um herumzuschnüffeln«, sagte Marta. »Das ist ein wichtiger Hinweis. Auf den Kisten steht ›Robs Bücher‹, und schaut euch mal an, was da drin ist.«

Wir schauten nach. Die Schachtel war voller – Überraschung! – Bücher. Dicke Taschenbücher, um genau zu sein.

»Ja und?«, sagte Javier.

»Rob, nehme ich mal an, wird der alte Mr. Weintraub sein«, erklärte Marta. »Und das waren seine Bücher.«

»Der alte Mr. Weintraub hatte aber viele Bücher«, stellte Javier fest.

»Viele Bücher einer bestimmten Art«, sagte Marta. »Science-Fiction- und Fantasybücher. Und ihr wisst doch sicher, wovon es in Science-Fiction- und Fantasybüchern nur so wimmelt, oder?«

Ich zuckte mit den Schultern. Lesemuffel, schon vergessen?

Javier filmte einfach geduldig weiter und wartete darauf, dass Marta mit ihrer Erklärung fertig wurde, damit wir gehen konnten.

»Zeitstrüdel«, sagte Marta. »Und Zauberer. Unser Ghostwriter ist der alte Mr. Weintraub, der Fantasyfan!«

KAPITEL 26

»Ich glaube, es heißt Strudel«, sagte Javier, nachdem er einen Augenblick lang nachgedacht hatte.

»*Was?*«, fragte Marta in einem Ton, der mich an Javiers Stelle hätte erstarren lassen.

»Der Plural von ›Strudel‹«, sagte der aber ganz ruhig.

Marta schickte ihm den gebündelten Strahl ihrer Stirnlampe ins Gesicht. Er blinzelte. »Niemand von uns«, sagte sie langsam, »benutzt jemals, *jemals* dieses Wort für mehr als einen Strudel. Verstanden?«

Dann mussten Javier und ich auf Marta warten, weil sie im restlichen Keller noch »einige Tests durchführen« wollte. Sie verharrte lange mit ihrer Antenne auf dem Kopf vor einem Trockner und war sich sicher, dass sie von drinnen »Schwingungen« spürte.

»Spürt dein Ding vielleicht Fussel auf?«, fragte Javier.

»Fussel sind tatsächlich elektrostatisch aufgeladen«, sagte Marta. »Das könnte also die Erklärung sein. Entweder das, oder ein bisschen Ektoplasma haftet dem Staub an wegen irgendeiner elektromagnetischen …«

Und so ging es weiter, aber den Rest werde ich dir ersparen.

Als wir endlich wieder hochgingen, war Marta fest davon überzeugt, dass Mr. Weintraubs Geist in dem Haus herumspukte und dass er es irgendwie geschafft hatte, einen Stift in die Hand zu nehmen und diese Notizen auf Carolines Seiten zu schreiben. Warum auch nicht? Was hatte er denn sonst zu tun?

Javier schwieg, als Marta weitere Theorien darüber aufstellte, wie ein Geist mit einem Stift oder gar einer Tasse Kaffee umgehen könnte. »Vielleicht macht er den Kaffee aus Gewohnheit, wie damals, als er noch am Leben war«, überlegte sie. »Das Koffein braucht er wahrscheinlich nicht mehr.«

Ich erwartete von Javier dem Spielverderber, dass er sie unterbrechen und ihr gute Gründe nennen würde, warum nichts davon möglich war und dass es sich ganz sicher nur um eine Haushaltshilfe handelte. Aber das tat er nicht. Was mich verrückt machte. Wenn Javier anfing, Martas Geistertheorien zu schlucken, was sollte mich dann davor bewahren, sie auch zu schlucken? Ich war viel leichtgläubiger als er.

Schließlich unterbrach ich Martas Monolog und sagte zu Javier: »Was glaubst du? Es war eine Haushaltshilfe, oder? Oder irgendein Herumtreiber vielleicht?« Letzteres hatte ich noch eingeworfen, für den Fall, dass Javier eine etwas ausgefallenere Theorie wollte, die mit Martas Geist mithalten konnte.

»Die Sache ist die«, sagte Javier. »Die Person, die diese Notizen geschrieben hat, muss wirklich gut über Fantasybücher Bescheid wissen.« Er sah mich hilflos an. So als ob er genau wüsste, dass in seiner Zukunft ein Helm mit Taschenlampe auf ihn wartete, er aber einfach nichts dagegen tun konnte.

»Haushaltshilfen lesen doch auch«, sagte ich. »Und Herumtreiber. Die müssen ja wohl ein bisschen Zeit zum Lesen haben.«

»Schon«, sagte Javier. »Aber gerade können wir auch nichts ausschließen, oder?«

KAPITEL 27

Einen Geist konnten wir also nicht ausschließen. Was für Marta quasi dasselbe war, wie einen getroffen und mit ihm bei einer schönen Tasse Kaffee über Zeitstrudel geplaudert zu haben. Sie hüpfte geradezu auf und ab, als sie ihren Helm auszog und ihn mitsamt der Antenne in den Rucksack stopfte.

»Ich wusste einfach, dass der Geisterdetektor funktionieren würde«, sagte sie. Sie wuschelte einmal durch ihren Lockenkopf, als wüsste sie instinktiv, wie schlimm ihre Helmfrisur aussah.

»Er *hat* doch gar nicht funktioniert«, stellte Javier klar. »Du hast ein paar Kartons voller Bücher gefunden. Mit deinen Augen.«

»Ja, ja, schon klar, du Schwachkopf«, sagte Marta. »Ich kann's kaum erwarten zu sehen, welche Ideen Mr. Weintraubs Geist als Nächstes hat.«

Den nächsten Tag harrten wir wie im Leerlauf in der Schule aus und wünschten uns sehnlich den Moment herbei, in dem wir endlich zu der Alten Weintraub-Villa gehen und die Antworten finden würden, die wir brauchten. Fein säuberlich auf die letzte Seite von Carolines Buch geschrieben.

Das Haus war uns schon viel vertrauter, als wir an diesem Nachmittag dorthin zurückgingen – wir waren nicht annähernd so schreckhaft, wie wir es die anderen Male noch gewesen waren. Vielleicht war das so, weil wir jetzt glaubten, dass, wer auch immer sich hier versteckt hielt, ein Leser von Fantasybüchern war, also zwar vielleicht ein Nerd, aber bestimmt nicht böse.

Die Buchseiten sahen unberührt aus, als wir den Stapel auf dem Tisch vorfanden, genau so, wie wir ihn zurückgelassen hatten. Keine Notizen. Nicht mal ein Kaffeering.

»Mann, das ist jetzt aber echt enttäuschend«, sagte Marta.

»Vielleicht braucht der Geist noch ein bisschen mehr Zeit zum Nachdenken«, sagte Javier. »Vielleicht sind wir zu ungeduldig. Hier geht es immerhin um einen großen Wendepunkt in der Geschichte und nicht nur darum, welche Farbe Geralds Socken haben sollten.«

Über Geralds Socken hatte ich noch nicht einmal nachgedacht. Das war ein wichtiger Sinneseindruck. Ich machte mir gedanklich eine Notiz, mir etwas Passendes für Gerald einfallen zu lassen. Dann fiel mir auf, dass Gerald seit seiner Verwandlung vom Frosch zum Menschen noch gar nicht beschrieben worden war. Ich machte mir einen Haufen anderer gedanklicher Notizen und stopfte alle in meinen chaotischen mentalen Aktenschrank.

»Ich glaube, wir können noch ein paar Tage warten«, sagte ich.

Aber enttäuschend war es trotzdem.

Als ich zu Hause ankam, schickte ich Caroline eine E-Mail und sagte ihr, dass ich an dem Problem arbeitete, aber noch etwas mehr Zeit brauchte.

Sie schrieb mir fast sofort zurück:

> Das ist schon in Ordnung. Ich habe mich dazu entschieden, ein bisschen von der Hintergrundgeschichte zu erzählen, solange ich darauf warte, dass meine Inspiration zuschlägt. Ich bin mir sicher, dass du mir dabei helfen kannst – du hast so eine lebhafte Fantasie! Ich brauche Rückblenden, die Gerald mit Opa zeigen. Wie sie sich unterhalten oder etwas zusammen machen. Damit wir sehen können, wie ihre Beziehung zueinander ist und wie viel sein Opa Gerald bedeutet. Das macht seine Motivation, ihn zu befreien, noch stärker. Alle Ideen, was sie zueinander sagen könnten, wären mir sehr willkommen!

Das war nicht gut. Caroline war davon überzeugt, dass ich eine »lebhafte Fantasie« hatte. Was ich nicht hatte. Überhaupt nicht. Was ich hatte, war die Bereitschaft, mich in bestimmte Situationen zu begeben, dabei gefilmt zu werden und ein paar Notizen dazu zu machen, wie sich das anfühlte. Das war das Gegenteil von Fantasie.

Das Problem bei dieser neuen Aufgabe war offensichtlich. Ich hatte keinen Großvater, nicht mal einen älteren Onkel, mit dem ich mich unterhalten könnte.

KAPITEL 28

Das mit den Großvätern ist so: Die meisten Kinder in meinem Alter hatten zwei. Ein paar Glückliche hatten sogar mehr. Ich hatte Großväter mit ihren Enkelkindern gesehen – auf Geburtstagen, auf Spielplätzen und bei Schulveranstaltungen. Die Großväter taten so, als würden sie die Nasen ihrer Enkelkinder klauen, und steckten ihnen Geld zu, wenn die Eltern gerade nicht hinsahen. Sie kamen zu Fußballspielen und feuerten ihre Enkel von der Seitenlinie aus Klappstühlen heraus an, die sie nur für diesen einen Zweck in ihren Kofferräumen herumfuhren. Sie fanden, dass alles, was ihre Enkel taten, einsame Spitze war, und wenn sie einmal etwas nicht spitze fanden, taten sie so, als würden sie nichts davon mitbekommen.

Der Vater meines Vaters starb, noch bevor meine Eltern überhaupt verheiratet waren. Der Vater meiner Mutter, Alan, hieß Groß-Al. Meine Mum, Alison, war Klein-Al. Und als ich geboren wurde, war ich Mini-Al. Als Alvin dann zur Welt kam, war Groß-Al schon gestorben. Das bedeutete, dass Alvin nur Alvin war, kein Mikro-Al oder was auch immer er gewesen wäre.

Ein paar Jahre lang hatte ich also einen Opa gehabt, aber ich konnte mich nicht an ihn erinnern. Auf meiner Kommode stand ein gerahmtes Foto, auf dem Groß-Al mich als Baby hält. Und so, wie er mich darauf ansieht, war es ganz offensichtlich, dass er ein toller Nasendieb gewesen wäre. Auf dem Bild war aber kaum eine Nase in meinem Gesicht zu sehen – ich sah aus wie ein Babyregenwurm. Jetzt hatte ich eine Nase, die ein Opa wirklich hätte klauen können. Aber keinen Opa.

Ich musste mich mit einem Opa unterhalten, was bedeutete, dass ich mir einen würde ausleihen müssen.

Opas sind keine Bibliotheksbücher, schrieb Javier zurück, nachdem ich ihn gefragt hatte, ob ich einen von seinen ausleihen könnte. Du kannst nicht einfach einen mitnehmen und nach einer Weile wieder zurückbringen.

Warum nicht?, fragte ich.

Es folgte eine längere Pause, in der Javier ganz bestimmt mit meiner eisernen Argumentation rang. Ist sowieso egal, schrieb er schließlich zurück. Einer ist auf einer Bohrinsel, und die anderen zwei sind auf einer Kreuzfahrt nach Alaska.

Das waren die seltsamsten Ausreden, die ich je gehört hatte. Er hatte nicht einmal versucht, glaubhaft zu wirken.

Warum behauptest du nicht gleich, dass sie auf einem Spaceshuttle unterwegs zur Raumstation sind?, tippte ich.

Dort sind sie tatsächlich momentan, schrieb Javier zurück. Und obwohl es keine Sprachnachricht war, konnte ich seine beleidigte Stimme hören. Wenn Javier das Wort »momentan« verwendete, war er beleidigt.

Ich ließ ihn eine Zeit lang schmoren, was er hasste. Schließlich hielt er es nicht mehr länger aus. Ich hab eine Idee, schrieb er.

Ich antwortete nicht. Das Beleidigte-Leberwurst-Spiel konnte man auch zu zweit spielen.

Großtante Rosa geht immer in das Seniorenzentrum, um andere alte Leute zu treffen, **fuhr Javier fort.** Wahrscheinlich gibt's da auch ein paar Männer, mit denen du reden könntest. Ein paar von ihnen müssen ja Opas sein.

Super Idee!, **schrieb ich.** Wann gehen wir hin?

KAPITEL 29

Marta hatte kein Interesse daran, mit uns ins Seniorenzentrum zu gehen. »Meine speziellen Fähigkeiten werden dort nicht gebraucht«, sagte sie.

»Wenn du damit meinst, mit antiken Fernseherteilen herumzufuchteln, hast du wahrscheinlich recht«, sagte Javier.

»Hat aber funktioniert«, antwortete sie nur.

Das Seniorenzentrum war ein paar Häuserblocks von Javier entfernt. Großtante Rosa nahm laut Javier einen Shuttlebus dorthin. Aber der war nur für Senioren, also fuhren wir mit dem Fahrrad.

Ich war vorher noch nie in einem Seniorenzentrum gewesen. Ich hatte ein staubiges, altes Gebäude erwartet, aber das hier sah aus wie eine neuere, schönere Version unserer Schule. Außerdem roch es besser.

Am Empfang war niemand, also gingen wir einfach auf die Stimmen am Ende des Ganges zu.

Wir kamen an einem Raum vorbei, in dem Leute so was wie Aerobic-Training machten, was sehr viel anstrengender aussah als irgendetwas, mit dem ich mithalten konnte – und ich bin gut in Form von dem ganzen Laufen. Dann kamen wir an einem anderen Raum vorbei, in dem Leute Karten spielten. Es könnte Poker gewesen sein –

es sah ziemlich anspruchsvoll aus. Dann Yoga – ebenso. Schließlich kamen wir zu einem größeren Raum voller Tische und Stühle, in dem sich Leute unterhielten und Kaffee tranken.

»Wo ist Großtante Rosa?«, fragte Javier und suchte den Raum mit den Augen ab. »Sie muss da sein, wo der Kaffee ist.«

Aber sie war nicht da.

»Vielleicht macht sie Yoga und steht gerade auf dem Kopf, und wir haben sie deshalb nicht erkannt«, sagte ich. Aber niemand von uns beiden konnte sich Großtante Rosa auf dem Kopf vorstellen.

»Oh Mann, jetzt komm ich mir irgendwie doof vor«, sagte Javier. »Ich dachte, sie könnte uns ein paar Opas vorstellen.«

Da waren wir also und standen unbeholfen herum, ganz offensichtlich weit unter dem Altersdurchschnitt des Seniorenzentrums. Früher oder später würden wir auffallen. Und wie es schien, hatten wir das schon längst getan.

KAPITEL 30

»Entschuldigung«, sagte eine Dame, die an einem nahe gelegenen Tisch saß. »Habt ihr euch verlaufen?«

Hatten wir uns verlaufen? Würde es helfen, wenn es so wäre? Vielleicht hätten die Senioren dann Mitleid mit uns und würden uns freundlich den Weg nach draußen zeigen, ohne irgendwelche unangenehmen Fragen zu stellen. Vielleicht würden wir sogar ein paar dieser großen Chocolate Chip Cookies von den Tellern auf der Anrichte dort drüben bekommen, wenn wir extra brav waren.

Ich wollte gerade sagen »Ja, wir haben uns verlaufen«, als Javier sagte: »Oh nein, wir haben uns nicht verlaufen. Aber trotzdem vielen Dank fürs Nachfragen.« Was viel reifer und ehrlicher und höflicher war. Uns aber auch ein bisschen planlos wirken ließ.

»Können wir euch sonst irgendwie helfen?«, fragte die Frau. Sie schien uns wirklich gern helfen zu wollen, aber diese Haltung kann schnell ins Gegenteil umschlagen, wenn man nicht die richtige Antwort parat hat. Das wusste ich aus Erfahrung, aber das ist eine andere Geschichte.

Was vielleicht erklärte, warum ich ihr nicht einfach sagte, dass wir Großtante Rosa suchten. Das wäre doch nur logisch gewesen, oder? Aber ich hatte so viel Angst davor, etwas Falsches zu sagen und die nette Dame zu verärgern, dass ich einen Blackout bekam und stattdessen rumdruckste: »Ich, äh, bin hier, um meinen Großonkel zu besuchen. Er heißt …« Was war ein normaler Alt-Männer-Name? Alle Jungs, die ich so kannte, hießen so was wie Fletcher und Cooper, aber diese Namen würden hier nicht ziehen. »Frank!«, sagte ich, zufrieden mit meiner Wahl. Niemand unter sechzig hieß Frank. »Wir wollten uns heute Nachmittag hier mit meinem Großonkel Frank treffen.«

Javier sah mich an, als ob er sich wünschte, dass er seine Kamera dabeihätte, weil er wusste, dass ich mich nur noch tiefer in diesen Schlamassel hineinreiten konnte, und das wollte er für die Ewigkeit festhalten.

»Ah, sicher doch«, sagte ein großer, dünner Mann, der neben der hilfsbereiten Dame saß. »Ich kenne Frank. Ein toller Kerl. Wir können ihn für euch suchen gehen.«

Mist. Der Alt-Männer-Name, den ich ausgewählt hatte, war schon vergeben.

»Ach so, ähm, nein, danke, das ist schon in Ordnung«, sagte ich. »Mein Onkel ist nicht der Frank, der ein toller Kerl ist. Ich meine, ich finde, dass er ein toller Kerl ist. Weil er mein Onkel ist und so weiter. Aber …«

An diesem Punkt ging Javier einen Schritt von mir weg, als wollte er nicht, dass ich ihn mit meinem Leiden ansteckte.

»Ach so«, sagte der Mann. »Ist angekommen.« Er zwinkerte mir zu. »Ein anderer Frank also. Verstehe.«

Bingo!, schoss es mir durch den Kopf. »Ist angekommen« war ein super Opa-Spruch. Komplett authentisch.

Und das wissende Zwinkern. Genial! Genau auf solche Details hatte ich gehofft. Dieser Kerl war eine Goldmine. Ich musste weiter mit ihm reden.

»Sie sind also öfter hier?«, fragte ich ihn.

KAPITEL 31

Javier schnaubte. Es war dasselbe Schnauben, das man öfter im Hintergrund der Filme hörte, in denen ich vorkam. Wie immer ignorierte ich es.

»Ich komme ein paar Mal die Woche her«, sagte der dünne Kerl. »Hauptsächlich wegen der Schokoladenkekse, um ehrlich zu sein. Oder, Ellen?« Er stupste die Frau mit seinem Ellbogen an, und sie lachte. »Nate, mein Name«, sagte er. Was ein viel besserer Alt-Männer-Name war als Frank. Warum hatte ich nicht an Nate gedacht? »Und du bist?«, fragte er.

»Ich bin Alex«, sagte ich. »Und das ist mein bester Freund Javier.«

»Schön, euch kennenzulernen, Alfred und Javier«, sagte Nate.

»Äh, nein, Alex.«

»Stimmt. Albert.«

Ich hatte nicht bemerkt, dass er schwerhörig war. Ich versuchte es noch einmal, lauter. *»A-lex«*, sprach ich so deutlich wie möglich.

Er lachte. Dann streckte er seine Hand nach mir aus. Ich duckte mich vor ihm weg, weil ich dachte, er würde meine Nase klauen.

»Immer mit der Ruhe«, sagte er. »Ich versuche, dir die

Hand zu schütteln, und nicht, dir eine Backpfeife zu geben, Dummerchen.«

Dir eine Backpfeife zu geben, Dummerchen. Merk dir das, notierte ich in Gedanken. »Oh, Entschuldigung«, sagte ich. »Ich dachte irgendwie, dass Sie meine Nase klauen wollten. Sie wissen schon – dieser ›Hab deine Nase‹-Trick, den die Leute immer machen?«

Nate nickte. »Den kenne ich«, sagte er. »Aber ist der nicht für viel jüngere Kinder als für dich und deinen Freund hier?«

"Mein Freund hier" arbeitete hart daran, nicht zu lachen, und es kostete ihn eine Menge Konzentration und Energie. Ich musste ihn gar nicht erst anschauen, um das zu wissen.

»Denke schon«, sagte ich. Ich hatte keine Ahnung gehabt, dass es eine Altersbeschränkung fürs Nasenklauen gab. Was wusste ich sonst noch nicht über Opas?

Nate streckte mir nochmals seine Hand entgegen, diesmal langsam und vorsichtig. »Schön, deine Bekanntschaft zu machen, Albert«, sagte er, als wir Hände schüttelten. Dann schüttelte er Javiers Hand ohne Zwischenfall. »Würdet ihr Jungs euch gerne setzen, vielleicht einen der berühmten Schokoladenkekse probieren?«, fragte er.

Wir saßen. Wir aßen. Die Kekse waren ausgezeichnet – warm und klebrig, mit exakt der richtigen Prise Salz, genau wie Chocolate Chip Cookies sein sollen. Eine Stunde später gingen wir wieder, ohne zu bemerken, dass niemand von uns mehr »Onkel Frank« erwähnt hatte.

KAPITEL 32

Javier lachte fast auf dem ganzen Nachhauseweg. Er konnte kaum sein Fahrrad aufrecht halten. Ein bisschen hoffte ich, er würde umkippen, aber er war ein ausgezeichneter Multitasker.

»Tut mir leid«, sagte er immer wieder zwischen mehreren Lachanfällen, obwohl es ihm überhaupt nicht leidtat, »aber ich musste mich so lange zusammenreißen, es hat sich einfach aufgestaut.«

»Und *wie* sich da was aufgestaut hat«, brummte ich. Ich hatte keine Ahnung, was das heißen sollte, aber es zu brummen tat gut.

Wir gingen also beleidigt auseinander, aber ich wollte mich sowieso beeilen, um Caroline von meinen neuesten Rechercheergebnissen zu berichten.

Praktischerweise stand sie in unserer Einfahrt, als ich nach Hause kam, und zwängte gerade einen riesigen Karton in ihren kleinen Kofferraum, während sie sich Marcello mit einem Fuß vom Leib hielt.

»Ist das ein Hund oder eine Ratte?«, fragte sie.

»Das ist hier eine ewige Diskussion. Mum und Alvin sagen Hund. Dad und ich sagen Ratten-Hunde-Mix. Eher Ratte.«

Caroline betrachtete Marcello genauer, während er

angestrengt nach einem ihrer Hinterreifen schnappte. »Zähl mich zum Ratten-Hunde-Team«, sagte sie. »Wenn ich ihn so sehe, bin ich fast versucht, einen Ratten-Hunde-Hybriden in mein Buch einzubauen, aber … bäh.«

»Ich weiß«, sagte ich, als Marcello wegrannte, um einen unschuldigen Fußgänger auf dem Gehweg zu quälen. »Wer würde so was schon gerne in einem Buch haben?«

»Wir leihen uns Alvins alten Kinderwagen für das Baby aus«, erklärte Caroline mir, versetzte dem Karton einen letzten Stoß mit ihrer Schulter und schlug heftig den Kofferraum zu. Ich hoffte, das Baby mochte Cracker, denn ich persönlich hatte den jungen Alvin mehr Cracker in diesen Kinderwagen bröseln als je erfolgreich in seinen Mund stecken sehen. Aber so wie ich Caroline und Lulu kannte, würden sie sowieso jede Ecke und jeden Winkel bis auf molekulare Ebene blitzeblank putzen, bevor sie ihr Kind auch nur auf drei Meter Nähe heranließen.

»Ich war heute im Seniorenzentrum«, erzählte ich ihr. »Ich habe ein bisschen recherchiert, wie man mit alten Männern redet. Für Geralds Unterhaltungen mit Opa.«

»Ach, Alex, du bist ein Schatz. Aber das hättest du doch nicht tun müssen!«, sagte sie. »Ich weiß doch, was du für eine Fantasie hast. Du hättest mir einfach ein paar deiner Ideen sagen können.«

»Ich – äh – hätte ich, ja«, sagte ich. »Aber ich habe keine Opas, und ich war mir nicht sicher …«

Caroline kam zu mir und nahm meine Hände in ihre. Wie unangenehm. Und dann wurde es noch schlimmer.

»Es tut mir so leid, Alex«, sagte sie. »Das war unfassbar gedankenlos von mir. Du hast deine Opas schließlich nie wirklich kennengelernt.« Ihre Augen wurden glasig, und sie blinzelte ein paar Mal.

»Nein«, sagte ich und befreite meine Hände vorsichtig aus ihrem Griff, »aber ich hab einiges herausgefunden. Erstens tun sie bei Kindern in meinem Alter nicht mehr so, als würden sie Nasen klauen, das solltest du also weglassen.«

»Äh. Okay. Das werde ich. Danke.«

»Und zweitens können sie schwerhörig sein. Ich habe diesem Kerl ungefähr drei Mal gesagt, dass ich Alex heiße, und er hat mich trotzdem immer weiter Albert genannt.«

Caroline lachte, was besser war als fast-weinen, aber auch verwirrender.

»O mein Gott«, sagte sie. »Er hat dich bloß geärgert. Dad – Groß-Al – hat das die ganze Zeit mit Kindern gemacht. Meine Freunde eingeschlossen. Er hat sie alle Oscar genannt, sogar die Mädchen.«

Nate hatte mich geärgert, indem er mich Albert genannt hatte? Deshalb hatten also alle an dem Tisch geschmunzelt. Ich musste wirklich noch viel lernen.

Caroline schaute kurz hinauf zum Himmel, dann wieder zu mir.

»Ich wünschte, du hättest Groß-Al kennengelernt. Er wäre ein wahnsinnig toller Opa gewesen.« Ihre Augen wurden schon wieder glasig. Jetzt schniefte sie und kramte in ihren Hosentaschen nach einem Taschentuch.

»Ich hab noch viel mehr tolles Alt-Männer-Zeug«, sagte ich schnell. »Zum Beispiel zwinkern und ›Ist angekommen‹ sagen. Ich schreib dir alles auf und schick es dir dann.«

»Das wäre fantastisch«, sagte Caroline und tupfte sich ihre Augen mit einem zerfledderten Taschentuchbällchen ab. »Das Buch nimmt richtig Form an, und ich freue mich so, dass du mir dabei hilfst.«

Dann griff sie nach meinem Gesicht und drückte mir einen Kuss auf die Wange. Ist angekommen.

KAPITEL 33

Montags hatte Javier nach der Schule immer ein Treffen mit seinem Filmclub. Ich wartete auf ihn, und dann gingen wir zu ihm nach Hause. Marta wollte nach ihrer Ellbogen-Kontrolle beim Arzt auch kommen, und dann wollten wir zusammen in der Alten Weintraub-Villa nachsehen, ob wir eine Antwort von dem Ghostwriter hatten.

Als wir vor Javiers Haus ankamen, sahen wir, dass jemand auf der Hollywoodschaukel saß. Es war eine kleine Person, aber nicht Großtante Rosa. Sondern Marta. Als sie uns entdeckte, sprang sie auf und rannte die Verandastufen hinunter.

»Leute!«, sagte sie. »Wo wart ihr die ganze Zeit? Ich hab euch tausend Mal geschrieben.«

Wir schauten auf unsere Handys. Sie hatte recht: Sie hatte uns beiden immer wieder Wo seid ihr??? geschrieben.

»Javier hatte Filmclub«, sagte ich. »Das wusstest du doch.«

»Kann sein. Hab ich vor lauter Aufregung vergessen.«

»Warst du nicht beim Arzt? Was ist daran aufregend?«

»Da war ich nur für ungefähr zwei Sekunden. Die meinen, dass ich ›ihn zu viel bewege‹ und dass er ›nicht so schnell verheilt, wie er sollte‹. Die wissen doch gar nicht, wovon sie reden«, sagte sie und fuchtelte mit ihren Armen herum, um sarkastische Anführungszeichen in die Luft zu malen.

»Nee, überhaupt nicht«, sagte Javier und drückte ihren verletzten Arm sanft mit einem Finger nach unten an ihre Seite.

»Schwachkopf«, sagte sie. »Aber egal jetzt. Weil schaut mal, was wir haben!«

Sie griff in ihren scheinbar bodenlosen Rucksack und zog einen Papierstapel heraus. Carolines Seiten.

»Wo hast du das denn her?«, fragte ich. »Das Manuskript sollte doch in der Alten Weintraub-Villa sein.«

»War es auch«, sagte Marta. »Ich hatte irgendwann keine Lust mehr, auf euch zu warten, also bin ich rübergegangen, um ein paar Experimente im Außenbereich durchzuführen, nur um zu sehen, welche Energiemuster ich aufspüren kann.«

Javier schnaubte, und es tat gut, dass es mal an jemand anderen als an mich gerichtet war.

»Hättest du nicht auf uns warten können?«, fragte ich. Aber wir wussten alle, dass sie das nicht gekonnt hätte.

»Wie sich herausgestellt hat, war die Hintertür nicht verschlossen«, sagte Marta. »Also bin ich reingegangen.«

KAPITEL 34

»Die Hintertür haben wir aber nicht offen gelassen«, sagte ich. »Oder doch?«

»Nee«, sagte Javier. »Wir sind durch die Vordertür reingegangen.«

»Wie konnte die Hintertür dann offen sein? Sie kann ja wohl kaum unverschlossen sein, seit Mrs. Weintraub weggezogen ist.«

»Vielleicht hat die Haushaltshilfe sie offen gelassen«, schlug Javier vor.

»Ich dachte, wir haben uns darauf geeinigt, dass es keine Haushaltshilfe gibt«, sagte Marta. »Ich dachte, wir waren uns einig, dass wir es hier mit einem Geist zu tun haben.«

»Wir waren uns nicht einig«, sagte Javier. »Und niemand hat sich offiziell auf irgendwas geeinigt.«

»Haben wir schon«, sagte Marta. »Zumindest Alex und ich. Oder, Alex?«

Inzwischen hatte ich ehrlich gesagt keine Ahnung mehr, auf was ich mich geeinigt hatte. »Warum hast du das Buch mitgenommen?«, fragte ich sie. »Wir müssen es dort lassen, bis wir eine Antwort haben.«

»Warum, glaubst du, hab ich euch geschrieben, bis meine Daumen schon ganz wund waren?«, fragte Marta. »Wir haben schon eine Antwort! Und ich glaube, sie wird euch gefallen.«

»Du hast sie schon gelesen?«, fragte ich.

»Klar hab ich das. Ich sitze schon ewig hier draußen in der Kälte! Ich hab was zum Lesen gebraucht.«

»Lass mal sehen«, sagte ich.

Sie gab mir die Seiten, und wir setzten uns auf die Verandastufen.

»Lies laut vor«, sagte Marta.

Das tat ich. »Als Gerald von dem Rankgitter gefallen ist, ist er aus Versehen in einen Windschatten geraten, der in eine Parallelwelt führt. Sein Großvater hat den Windschatten erschaffen, um von der einen in die andere Welt zu gelangen. Der Zauberer ist ihm von der Parallelwelt in diese hier gefolgt, wo er Geralds Großvater gefangen genommen und dann seine Spuren mit dem Nichts verwischt hat. Der Zeitstrudel, in dem der Großvater festgehalten wird, befindet sich in der Parallelwelt.«

»Klingt richtig gut, oder?«, sagte Marta. »Ich weiß zwar nicht mal, was ein Windschatten ist, aber ich bin trotzdem voll dafür.«

»Ein Windschatten ist eine Fläche mit niedrigem Druck hinter einem sich schnell bewegenden Fahrzeug«, sagte Javier.

»Woher weiß er das«, fragte ich Marta, »wenn wir das nicht wissen? Wann hast du das gelernt?«, fragte ich Javier. »Waren wir an dem Tag krank?«

Er grinste nur und zuckte mit den Schultern.

»Ist ein Windschatten dann dasselbe wie ein Zeitstrudel?«, fragte Marta.

Das überließ ich Dr. Wörterbuch.

»Nicht wirklich«, sagte Javier. »Ein Zeitstrudel ist mehr wie ein Wirbelsturm. Deshalb kann man in einem Zeitstrudel gefangen sein, aber durch einen Windschatten gleiten. Es ergibt Sinn, wenn man darüber nachdenkt.«

War das so? Vermutlich schon. Marta nickte zumindest.

Ich widmete mich wieder dem Vorlesen. »Großvaters Haus in der Parallelwelt steht noch – das Nichts hat den Windschatten nicht durchquert und es nicht verschwinden lassen –, aber es ist anders als das Originalhaus: Es gehört jemandem, der magische Kräfte besitzt. Und die Bewohner dieser Welt sind nicht alle Menschen. Eigentlich sind die meisten von ihnen keine Menschen.«

»Das eröffnet einige Möglichkeiten«, sagte Javier.

Das tat es, aber ich hatte keine Ahnung, wie ich Elfen, Greife oder was für Wesen der Ghostwriter sonst so im Sinn hatte, interviewen sollte. Opas waren ja schon Herausforderung genug.

»Lies den letzten Teil vor«, sagte Marta.

»Bin ja schon dabei«, sagte ich. »Hetz mich nicht.«

»Gerald kann die magischen Kräfte in dem Parallelhaus nutzen, um seinen Großvater zu befreien«, las ich. »Solange der Zauberer nicht weiß, dass er da ist.«

KAPITEL 35

»Puh«, sagte ich, als ich fertig war.

»Puh«, stimmte Javier zu.

»›Puh‹?«, fragte Marta aufgeregt. »Seht ihr denn nicht, was der Ghostwriter aus der Geschichte gemacht hat? Eine echte Fantasygeschichte mit einer Parallelwelt. Wie in den Büchern, die wir im Keller gesehen haben«, sagte sie, und ließ es einen Moment lang in der Luft hängen, um uns zu beeindrucken. »Die Bücher, die einem Geist gehören. Dem Geist namens Rob«, schloss sie. Marta lehnte sich zurück wie eine Anwältin, die gerade bewiesen hatte, dass der Hamster ihres beschuldigten Mandanten der Mörder war.

»Vielleicht …«, sagte Javier langsam. »Vielleicht …«

»Vielleicht was? Raus mit der Sprache«, sagte Marta. »Vielleicht was?«

Javier ignorierte ihren Einschüchterungsversuch. »Vielleicht ist Rob gar nicht Mrs. Weintraubs toter Ehemann. Vielleicht ist er ihr Sohn, und er lebt heimlich in ihrem alten Haus, weil er sein eigenes bei einem Brand oder beim Glücksspiel verloren hat, und jetzt kann er nirgendwo hin außer –«

»Sorry«, sagte ich. »Aber Mrs. Weintraub hat nur eine Tochter. Das weiß ich ganz sicher. Von meiner Mum.«

»Eine Tochter namens Roberta?«, fragte Javier hoffnungsvoll.

»Melinda. Und Mrs. Weintraub lebt bei ihr.«

»Ach so, na ja. Ich hab's versucht.«

»Ja, hast du«, sagte Marta. »Aber du bist gescheitert.«

Javier ertrug seine Niederlage ziemlich gut. »Na gut«, sagte er. »Ich geb's auf mit den rationalen Erklärungen. Alle an Bord, in den Schnellzug nach Geisterstadt.«

»Ja!«, sagte Marta und machte ein paar zugähnliche Geräusche, die es nicht verdienen, hier oder irgendwo anders beschrieben zu werden.

Ich wusste, dass Javier nicht wirklich an Bord des Geisterzuges war, und ich genauso wenig. Es gab immer noch viele realistische Erklärungen für die Notizen auf den Buchseiten. Und Javier und ich konnten diese nach Herzenslust besprechen – wenn Marta nicht dabei war. Wenn sie dabei war, würden wir in ihrem Windschatten mitfahren. Oder vielleicht in ihrem Zeitstrudel herumwirbeln.

So war es einfach leichter.

Ich stand auf und steckte die Seiten in meinen Rucksack. »Ich geh jetzt nach Hause«, sagte ich. »Ich will Caroline diese Ideen so schnell wie möglich schicken.«

»Das ist kein Transplantationsorgan«, sagte Javier. »Ich glaube, es hält durch, bis du ankommst.«

»Ich weiß nicht«, sagte Marta. »Für mich sehen diese Ideen wie das Herz des Buches aus.«

Sie machte keine Witze.

»In diesem Fall hole ich lieber mal einen Kühlakku«, sagte Javier.

Und holte wirklich einen.

KAPITEL 36

Ich konnte es kaum erwarten, Caroline die Ideen des Ghostwriters zu schicken, sobald ich zu Hause war. Aber das Schicksal, wie man so schön sagt, hatte andere Pläne.

Meine Mum telefonierte, als ich reinkam. »Wie geht's ihm?«, fragte sie gerade. »Wissen sie, was es war?« Sie sah zu mir herüber und verzog das Gesicht.

Dadurch wusste ich sofort, dass es irgendetwas mit Alvin zu tun hatte.

»Okay. Sag mir so schnell wie möglich Bescheid«, sagte sie und beendete das Gespräch.

»Dein Vater und dein Bruder sind beim Arzt«, erzählte sie mir.

»Was hat er diesmal angestellt?«

Ich war wirklich neugierig und wollte unbedingt wissen, was passiert war. Denn wenn's um Alvin ging, war es immer interessant.

Alvin war ein Bücherwurm, wie ich bereits erwähnte, aber das viele Lesen machte ihn nicht weise oder hielt ihn davon ab, Ärger zu machen. Eigentlich war das Gegenteil der Fall. Er betrachtete sich gerne als Wissenschaftler, und das, woran er hauptsächlich herumexperimentierte, war er selbst. Die Ergebnisse dessen führten oft auf direktem Weg in die Arztpraxis. Sehen wir es mal so: Marta begab sich selbst in Gefahr, weil es ihr Spaß machte und sie kein Verständnis von Schwerkraft hatte. Alvin tat das, weil er neugierig war und kein Verständnis von Ursache und Wirkung hatte.

Außerdem schien er zu glauben, dass die Löcher in seinem Kopf mehr als nur eine Funktion hatten. Hier eines von vielen Beispielen: Als er fünf war, musste er zwei Mal am selben Tag zum Arzt. Beim ersten Mal hatte er einen Mini-Marshmallow so weit in seine Nase hinaufgeschoben, dass er ihn nicht mehr herausbekam, und beim zweiten Mal hatte er eine unbekannte Anzahl an Wattebauschen gegessen. Auch aus seinen Ohren wurden schon einige Dinge herausgezogen. Ich glaube, dass in seinem Kopf immer noch Objekte stecken, von denen er unseren Eltern noch nicht einmal erzählt hat.

»Er hat seine eigene Sonnencreme gemacht«, sagte meine Mum.

»Woraus?«

»Das müssen wir noch herausfinden. Auf jeden Fall aus etwas, wogegen er allergisch ist. Seine Haut ist voller Pusteln.«

»Wo?«, fragte ich, obwohl ich es nicht wirklich wissen wollte.

»Gott sei Dank nur an den Armen.« Und dann fügte sie den Alvin-Refrain hinzu: »Zum Glück ist er wenigstens süß.«

Als Bruder war es für mich schwer, das zuzugeben, aber Alvin war wirklich wahnsinnig süß. Und das hatte meine

Eltern wahrscheinlich davon abgehalten, ihn bei einem ihrer zahlreichen Arztbesuche einfach dort zu lassen. Er war kurzsichtig, wie meine Mum, und trug eine kleine Kinderbrille, durch die seine braunen Welpenaugen noch größer aussahen. Ich hatte Mums Nase abbekommen. Die volle Größe. Alvin hatte *einen* widerspenstigen Haarwirbel. Ich hatte so viele, dass ich aussah, als hätte mir ein ganzer Wirbelwind durch die Haare gefegt.

»Soll ich das Abendessen kochen?«, fragte ich. Meine Mum neigte dazu, Sachen anbrennen zu lassen, wenn sie abgelenkt war.

»Ja, könntest du das übernehmen? Ich durchsuche mal sein Zimmer nach … nach womit auch immer er da oben herumexperimentiert hat.«

Ich suchte gerade die Zutaten für Tacos zusammen, als ich bemerkte, dass der Riesenbehälter Cayennepfeffer fast leer war.

»Mum?«, schrie ich die Treppe hinauf.

»Ja?«

»Ich glaub, ich weiß, woher er die Pusteln hat.«

KAPITEL 37

Als Dad und Alvin nach Hause kamen, war das Abendessen fertig.

Alvins Arme waren beide vom Handgelenk bis zur Armbeuge in Mullbinden eingewickelt, und was auch immer der Arzt für eine Tinktur auf ihnen verteilt hatte, sie hatte einen üblen Geruch. Dad sagte, Alvin sähe aus und rieche auch so, als wäre sein Mumifizierer gerade mitten in der Arbeit unterbrochen worden.

»Haben wir Mullbinden da?«, fragte Alvin, während wir unsere faden, cayennepfefferlosen Tacos aßen. »Und vielleicht auch ein bisschen Salbe?«

»Warum?«, fragte Mum misstrauisch.

»Ich könnte mich ja selbst fertig mumifizieren.«

Sehr, sehr sachte legte Dad seine Gabel weg. »Alvin …«, fing er an, in einer weichen, aber keinesfalls geduldigen Stimme.

»Okay, vergesst es.«

Es war also ein langer Abend, bevor ich mich mit den Ideen des Ghostwriters hinsetzen konnte, bereit, sie abzutippen und Caroline zu schicken. Ich blätterte auf die Seiten mit den Notizen. Und erst da sah ich, dass die Notiz nicht mit »solange der Zauberer nicht weiß, dass er da ist«

endete, sondern auf der Rückseite weiterging. Offenbar hatte der Ghostwriter sich vor dem Schreiben nicht genau überlegt, was er sagen wollte, und dann war ihm der Platz ausgegangen.

Marta musste den letzten Teil der Notiz ebenfalls übersehen haben, als sie sie alleine gelesen hatte, denn sie war mir nicht an die Gurgel gegangen und hatte mir nicht befohlen, fertig zu lesen. Und sie hätte definitiv gewollt, dass ich auch noch den Rest vorlese.

Wenn Gerald in der Parallelwelt landet, ist er verletzt, ging die Notiz auf der Rückseite weiter. Und ihm eilen zwei Kreaturen zu Hilfe. Eine ist ein Wichtelmännchen namens Snarko. Die andere ist eine kleine Teufelin. Snarko hat ein magisches Fernrohr, das ihn überall die Wahrheit erkennen lässt. Die Teufelin ist unverwundbar, mit Ausnahme ihrer Ellbogen. Wenn sie an diesem seltsamen Knochen verletzt wird, fällt sie für einige Stunden in Ohnmacht. Die beiden einigen sich darauf, Gerald dabei zu helfen, sich in der Parallelwelt zurechtzufinden und seinen Großvater aufzuspüren.

Es ist wichtig, besagte die Notiz, bei jeder Aufgabe treue Gefährten zu haben.

So weit, so gut. Aber die Notiz war noch nicht zu Ende. Und dann kam der Teil, der mich umhaute, ja beinahe wortwörtlich und so doll umhaute, dass ich glaube, dabei vielleicht auf den Kopf gefallen zu sein.

Der letzte Teil der Notiz lautete nämlich:

Wenn Gerald nach dem Sturz von dem Rankgitter seine

Augen öffnet, beugen sich Snarko, das Wichtelmännchen, und die Teufelin über ihn. Zuerst traut er seinen Augen kaum. Er denkt, er wäre einfach in den Garten seines Großvaters gefallen. Aber dann wird ihm langsam bewusst, dass er nicht mehr da ist, wo er am Anfang war.

Snarko sagt zu ihm: ›Wir müssen dich wohl in eine bisschen bessere Form kriegen, wenn du deinen Opa finden willst.‹

Und die Teufelin sagt: ›Du schaffst das. Du musst nur deine Schmerzgrenze überwinden.‹

Wenn du gut aufgepasst hast, weißt du, dass das genau die Worte waren, die Javier und Marta zu mir gesagt hatten, nachdem ich von dem Rankgitter gefallen war.

Ich glaube, ich hätte die letzten zwei Zitate gar nicht gebraucht, um zu kapieren, dass Snarko und die Teufelin auf Javier und Marta basierten. Das war mir schon bei den Beschreibungen klar.

Aber da war noch etwas anderes, etwas Gruseliges, das auch eindeutig klar war: Als ich von dem Rankgitter fiel, waren wir bei Javier. Wir drei waren *alleine*, als Javier und Marta das sagten. Na ja, okay, als sie es schrien. Aber nicht laut genug, dass es jemand ganz auf der anderen Seite in der Alten Weintraub-Villa hätte hören können.

Das bedeutete, dass dieser Jemand – oder dieses *Etwas* – aus der Alten Weintraub-Villa in Javiers Garten oder in der Nähe davon gewesen war, als ich fiel. War es eine Haushaltshilfe, die uns zu Javier gefolgt war und sich in den Büschen versteckt hatte, während ich das Rankgitter herunterkletterte? Unmöglich, denn an dem Tag, waren wir vorher ja gar nicht bei der Alten Weintraub-Villa.

War es ein Herumtreiber, der in Javiers Nachbarschaft rumlungerte, manchmal einen Kaffee in der Alten Weintraub-Villa trank und sich ab und zu in Javiers Gartenlaube versteckte, für den Fall, dass in seinem Garten irgendetwas Interessantes passierte? Möglich, aber sehr unwahrscheinlich.

Oder, und darauf wollte ich schon die ganze Zeit hinaus: War es Rob Weintraubs Geist, dem es in seinem eigenen Haus manchmal zu langweilig wurde und der deswegen auf der Suche nach spannender Abwechslung durch die Nachbarschaft schwebte? War das ein Geist, der uns, wenn er wollte, auch *nach Hause folgen* konnte? Ich joggte sowieso schon überall hin – ich wollte wirklich nicht auch noch anfangen zu sprinten.

Diese letzte Theorie war ein Erste-Klasse-Einzelfahrt-Ticket für den Schnellzug nach Geisterstadt. Wo ich tatsächlich ankam, am Geisterstadtbahnhof, mit meinem Koffer in der Hand. Und wenn du einen Blick in diesen Koffer hättest werfen können, hättest du eine alte Fernseherantenne und einen blöden Helm mit einer schlecht daran festgeklebten Taschenlampe gefunden.

KAPITEL 38

Normalerweise waren mir Überraschungsbesuche von meinem Bruder nicht so willkommen, wenn ich mich gerade bettfertig machte. Auch nicht zu jeder anderen Tageszeit. Er war süß, klar, aber er war auch ein kleiner Bruder und daher definitionsgemäß eine Nervensäge. Heute Abend musste ich mich aber mit einem neuen Glauben an herumspukende Geister abfinden, also freute ich mich über die Gesellschaft, als Alvin hereinkam.

»Wie geht es deinen Armen?«, fragte ich ihn. »Tut's noch weh?«

Er zuckte mit den Schultern. »Nicht wirklich.«

»Warum dachtest du, dass scharfer Pfeffer eine gute Zutat für Sonnencreme wäre?«

»Die große Sonne auf dem Etikett«, sagte er, als ob ich ein Idiot wäre. »Da ist eine große Sonne auf dem Etikett, was impliziert, dass die Inhaltsstoffe für gewöhnlich der heißen Sonne ausgesetzt sind. Was wiederum bedeutet, dass diese vor Sonne schützende Fähigkeiten besitzen.«

Wenn du jetzt glaubst, dass ich hier Wörter aufschreibe, die der achtjährige Alvin nicht wirklich benutzt haben kann, täuschst du dich. Er redete wirklich so. Vielleicht musste er all die Wörter, die er beim Lesen verschluckte, beim Sprechen wieder ausspucken, weil sein Gehirn sonst überhitzte. Oder so was. Das war zumindest meine Theorie. Hast du eine bessere?

Alvins Argument war unlogisch, aber nicht komplett unlogisch, wenn man darüber nachdachte.

»Die große Sonne auf dem Etikett heißt, dass der Pfeffer in dem Gefäß scharf ist«, sagte ich. »Und nicht, dass die Pfefferschoten einen Sonnenschutz haben.«

»Sie sollten aber einen Sonnenschutz haben«, sagte Alvin. »Sie wachsen in der Sonne.«

»Würde das nicht bedeuten, dass alle Pflanzen einen Sonnenschutz haben müssten?«, fragte ich.

»Vielleicht haben sie das ja. Ich hab gerade erst mit den Experimenten angefangen.«

»Na ja, hör auf den Rat von deinem älteren Bruder und nimm keinen giftigen Efeu als Nächstes.«

»Haha, sehr witzig«, sagte er. Dann sah er Carolines Seiten mit den Notizen des Ghostwriters, die immer noch offen dalagen. »Was ist das?«, fragte er und ging zu meinem Schreibtisch hinüber.

Meine erste Eingebung war, schnell ein schmutziges Kleidungsstück darüberzuwerfen und »Gar nichts!« zu rufen. Aber wozu? Er hatte es schon gesehen. Und es war ja auch kein geheimes Buch oder so.

»Das ist ein Buch, das Tante Caroline gerade schreibt«, sagte ich ihm. »Sie wollte, dass ich es lese.«

»Kann ich es auch lesen?«

Konnte er? Ich meine, offensichtlich *konnte* er es – viel schneller als ich sogar. Aber hatte er die Erlaubnis, es zu lesen? Ich hatte keine Ahnung. Aber er war mein kleiner Bruder, also war die Sache für mich klar. Ich wollte nicht, dass sich Alvin mit seinen Bücherwurm-Ideen einen Weg in Carolines Buch hineinfraß. Das war *mein* Projekt.

»Ich glaube, Caroline will, dass ich es zuerst lese«, sagte ich. »Sie fragt dich wahrscheinlich noch, wenn sie fertig ist. Weil sie bestimmt will, dass es perfekt ist, bevor du es liest.«

Neugierig betrachtete er mit seinen hungrigen Bücherwurmaugen die sichtbare Seite und verschlang große Wörterbrocken in einem Stück.

»Okay«, sagte er. »Dann warte ich noch.«

Was rückblickend betrachtet viel zu einfach war.

KAPITEL 39

Ich schaffte es, die neuen Ghostwriter-Ideen abzutippen und sie zusammen mit dem vollständigen Opa-Unterhaltungsbericht als E-Mail an Caroline zu schicken, bevor ich ins Bett ging. Meine echten Hausaufgaben steckten immer noch unberührt in meinem Rucksack.

Mir gefiel der Gedanke nicht, dass Rob Weintraubs Geist in der Stadt herumschwebte und unsere Unterhaltungen mitbekam, aber dann erinnerte ich mich daran, dass er bisher harmlos, ja sogar hilfreich zu sein schien. Einfach ein ganz normaler Buch- und Kaffeeliebhaber, wie jeder andere Kunde im Buchladencafé in der Innenstadt, nur auf Ektoplasma-Basis. Aber dafür konnte er ja nichts.

An diesem Abend war ich zu müde, um Javier und Marta noch zu schreiben und ihnen von Snarko dem Wichtelmännchen und der Teufelin zu erzählen. Also erzählte ich es ihnen am nächsten Tag beim Mittagessen, was bedeutete, dass ich es ihnen persönlich sagen und außerdem ihre Reaktionen sehen konnte.

Marta zuckte mit den Schultern. »Hört schisch nischt schlescht an«, sagte sie, den Mund voller Nudelsalat.

»Was hört sich nicht schlecht an?«, fragte ich.

»Schwei Gefährten. Einer kann die Wahrheit schehen,

die andere kann wie eine Wahnschinnige kämpfen, ohne verletscht schu werden. Könnte klappen, oder?«, sagte sie und schluckte irgendwie gleichzeitig.

Ich schielte zu Javier rüber und wartete darauf, dass er Marta erklärte, dass (a) Snarko und die Teufelin auf ihnen beiden basierten und dass (b) dies zweifellos bedeutete, dass Rob Weintraubs Geist derjenige war, der uns mit dem Buch half.

Stattdessen starrte er mich mit leeren Augen an, sein Blick verschwommen. Er sah aus, als wäre er von einem äußerlich identischen, aber viel dümmeren Zwillingsbruder ersetzt worden.

»Javier?«, sagte ich und schnippte mit den Fingern vor seinem Gesicht. »Hast du darauf eine Antwort?«

Sein Blick wurde wieder klarer, Gott sei Dank. Die leeren Augen waren verstörend gewesen.

»Snarko das Wichtelmännchen?«, fragte er.

»Das bist du, oder?«, sagte ich. »Ich meine, die Teufelin ist Marta, und Snarko bist du.« Ich brauchte unbedingt jemanden, der mich mit dieser Theorie unterstützte.

»Und er ist ein Wichtelmännchen«, sagte Javier, immer noch wenig hilfreich.

»Ja. Du weißt schon, was ein Wichtelmännchen ist, oder?«, fragte ich ihn.

Ich hoffte, dass er es wusste, denn ich war mir selbst nicht ganz sicher. Natürlich wusste ich es grundsätzlich. Aber mit einer Wörterbuchdefinition konnte ich nicht dienen.

(Damals. Jetzt schon. Hier ist sie: »Wichtelmännchen: ein kleiner Dämon; Unhold; ein boshaftes Kind; Bengel.« Hier hatten wir es mit der ersten Bedeutung zu tun.)

»Ja, ich weiß, was ein Wichtelmännchen ist«, sagte Javier. Er aß eine Gabel voll Nudelsalat, aus dem noch der Stiel einer grünen Paprika herausragte. Ich wartete darauf, dass er den Eindringling in eine Serviette spuckte, aber das tat er nicht. Er kaute und schluckte ihn hinunter. Was überhaupt nicht gut war.

Aber vielleicht war ein bisschen Gemüse genau das, was er gebraucht hatte, denn der klügere Zwillingsbruder Javier kehrte nun zurück, von wo auch immer er gewesen war. Ich konnte sehen, wie seine Intelligenz wieder einrastete. Ich stieß einen Seufzer der Erleichterung aus.

»Du grübelst also darüber nach, woher derjenige, der das geschrieben hat, wusste, was Marta und ich genau zu dir gesagt haben, nachdem du von dem Rankgitter gefallen bist?«, fragte der kluge Javier.

»Genau darüber grüble ich nach, ja«, sagte ich. Ich umarmte ihn nicht, und das würde ich auch nie tun, aber in diesem Augenblick war mir irgendwie danach.

»Kann mir bitte mal jemand schagen, worum esch hier geht?«, sagte Marta hinter einem Sprühregen aus Orangenwackelpuddingstücken.

KAPITEL 40

»So ein Schwachsinn«, sagte Marta, als ich fertig erklärt hatte, warum A logischerweise zu B führte.

»Vielen Dank!«, sagte ich. Wenn Marta glaubte, dass die Geistersache Schwachsinn war, dann konnte ich das alte Bob-der-Baumeister-Nachtlicht, das ich gestern Nacht gezwungenermaßen einstecken musste, definitiv wieder wegräumen. »Was ist also deiner Meinung nach los, wenn der Ghostwriter kein Geist ist?«

»Oh, er ist auf jeden Fall ein Geist«, sagte Marta. Mist. Doch wieder zurück zu Bob der Baumeister. »Ich meinte, es ist Unsinn, dass ihr Schwachköpfe glaubt, dass ich die Teufelin bin. Meine Ellbogen sind *keine* Schwachstelle.«

»Dein Ellbogen ist gebrochen«, erinnerte Javier sie.

»Nur, weil ich draufgefallen bin.«

»Genau so gehen Dinge kaputt.«

»Aber auch anders.«

»Aber hauptsächlich so.«

Mir war nicht ganz klar, warum Javier auf Martas an den Haaren herbeigezogene Argumente einging. Normalerweise gab er viel schneller auf und änderte einfach das Gesprächsthema.

»Äh, Leute?«, sagte ich. »Können wir wieder auf die Ausgangsfrage zurückkommen?«

»Die *Ausgangsfrage*?«, sagte Marta. »Hast du gerade ›Ausgangsfrage‹ gesagt?«

»Ich kann doch ›Ausgangsfrage‹ sagen, wenn ich das möchte.«

»Nein, kannst du nicht. Nur Javier kann ›Ausgangsfrage‹ sagen. Und das auch nur *sehr* selten«, fügte Marta hinzu und beäugte Javier kritisch von der Seite.

»Ich sage nie ›Ausgangsfrage‹.«

»Oh doch, und wie du das tust, mein Freund. Und wie du das tust …«

Und hier endete unsere Mittagspause. Ohne irgendetwas gelöst oder auch nur annähernd besprochen zu haben. Meine beiden Freunde verhielten sich so, als ob sie sich darauf geeinigt hätten, Händchen haltend von der Klippe der restlichen Vernunft zu springen.

Im Vergleich dazu schien mein Ausflug nach Geisterstadt erfreulich normal zu sein.

KAPITEL 41

Nach der Schule ging ich direkt nach Hause, zum einen, weil ich noch die Hausaufgaben von gestern zusätzlich zu der frischen Ladung von heute machen musste. Aber zum anderen auch, weil ich unbedingt wissen wollte, was Caroline von dem neuen Handlungswendepunkt des Ghostwriters hielt.

Tatsächlich war eine E-Mail von ihr im Postfach. Aber das, was drinstand, hatte ich nicht erwartet.

Zuerst bedankte sie sich bei mir für die Opa-Recherche und sagte, dass sie diese ganz sicher verwenden würde. Und dann ging es steil bergab.

> Vielen, vielen Dank noch mal für die Idee mit dem Windschatten und der Parallelwelt. Deine Vorstellungskraft ist wirklich beeindruckend! Und mit Fantasybüchern kennst du dich offensichtlich gut aus. Ich dachte, deine Mum hätte gesagt, du wärst ein Lesemuffel, aber diese Bücher hat sie wahrscheinlich einfach nicht mitgezählt. Was für eine Spießerin!
>
> Allerdings fürchte ich, dass es für mich nicht annähernd so leicht ist wie für dich, eine Parallelwelt zu erschaffen. Ich habe das Gefühl, dass das für mich ein Riesenschritt ist, mit dem ich mich zu weit von dem entferne, woran ich als

Schriftstellerin gewöhnt bin, und ich habe Angst, dass man es merken würde. Ich hab's wirklich versucht! Ich habe die Szene mit den neuen Figuren geschrieben. Aber ich glaube, ich schreibe die originale Geschichte weiter, nachdem Gerald von dem Rankgitter fällt. Er wacht auf, und sein Opa ist da, und die ganze Sache mit dem Nichts war eine Halluzination, weil er sich beim Sturz den Kopf angehauen hat.

Ich glaube einfach, dass ich mit der Gärtnergeschichte festeren Boden unter den Füßen habe (kein Wortwitz beabsichtigt). Aber die Änderungen am Anfang packen den Leser wirklich gleich, danke also für deine ganze Hilfe dabei! Wenn ich dich das nächste Mal sehe, gebe ich dir sofort dein wohlverdientes Geld, und einen Bonus gibt's auch noch obendrauf!

Als PS fügte sie hinzu: Keine Angst – Gerald wird nicht wieder zu einem Frosch!

Oh nein, war alles, was ich denken konnte. Was für eine Enttäuschung. Javier und Marta würden sehr geknickt sein. Aber nicht so sehr wie ich. Als ich so vor dieser deprimierenden E-Mail saß, wurde mir klar, wie viel Spaß es mir gemacht hatte, über das Buch nachzudenken. Und Sinneseindrücke und Ideen dafür zu sammeln. Und sogar die neuen Teile zu lesen, nachdem sie sie geschrieben hatte. Ich wollte wissen, was als Nächstes passierte, gerade jetzt, wo es auch eine Parallelwelt und nicht menschliche Gefährten gab.

Und was würde jetzt aus dem Ghostwriter werden? Was sollte er ohne dieses Hobby tun? Etwa nur herumhängen,

Kaffee aufwärmen und darauf warten, dass ein paar Eindringlinge vorbeikamen, die er belauschen konnte? Was für ein Leben nach dem Tod sollte das denn sein?

Ich hatte keine Ahnung, wie ich auf Carolines Nachricht reagieren sollte, also schloss ich sie und nahm mir vor, später etwas Höfliches darauf zu antworten, nachdem ich ein bisschen Zeit gehabt hatte, die Neuigkeiten zu verdauen. Was schwer werden würde – denn ich hasse Zucchini.

KAPITEL 42

Ich erledigte meine Hausaufgaben und ging ins Bett, ohne das alte Bob-der-Baumeister-Nachtlicht einzustecken. Es war komisch, aber meine Sorgen um einen Geist waren wie weggeblasen. Der Geist schien Teil der ganzen Gerald-Fantasygeschichte gewesen zu sein, und nun, da wir zurück bei preisgekrönten Zucchini waren und es noch dazu hieß: »Es war alles bloß eine Kopfverletzung« (Echt jetzt, Tante Caroline? Der alte *Zauberer von Oz*-Filmtrick? Ich dachte, du hättest mehr drauf), war ich wieder im echten Leben angekommen und hatte nicht mal mehr einen Geist, der es etwas spannender machte.

Ich hatte Javier und Marta die schlechten Nachrichten geschrieben, bevor ich ins Bett ging. Eine Weile hatte ich schon in der Dunkelheit gelegen, als mein Handy vibrierte.

Martas Nachricht lautete:

Neiiiiiiiiiiiiiiiiiiiiiiin!!!!

Dann kam eine von Javier. Sie lautete: So ein Reinfall.

Dann Marta: Wir könnten selber weitermachen!

Javier: Wir sind keine Schriftsteller.

Marta: Könnten wir aber sein!!!!

Ich: Könnten wir nicht.

Javier: Vielleicht kannst du deine Tante dazu bringen, es sich anders zu überlegen?

Marta: Du musst!!!

Ich: Hör auf, so viele Ausrufezeichen zu verwenden!!!

Marta: Du bist so ein Schwach

Und danach kam nichts mehr von ihr, weil ihre Mutter ihr das Handy weggenommen hatte. Das kam nach der Schlafenszeit häufiger vor. Ich war überrascht, dass ihre Mutter das Handy nicht einfach jeden Abend konfiszierte. Aber ihre Beziehung war auch irgendwie komisch.

Dann, nach einer kurzen Pause, während der ich fast schon eingeschlafen war …

Javier: Frosch?

Ich: Nee.

Eine weitere Pause.

Javier: Zucchini?

Ich: Jep.

Javier: Schade.

Ich: Jep.

Und dann war Schluss für diesen Abend.

KAPITEL 43

Am nächsten Tag in der Schule waren wir alle schlecht gelaunt. Marta schlug vor, am Nachmittag zur Alten Weintraub-Villa zurückzugehen, um den Geist »zu erschrecken«. Und »um zu sehen, ob das überhaupt geht«. Was ein bisschen nach Aufmunterung klang, aber nicht genug, um unsere schlechte Laune zu vertreiben.

Javier hatte aber ein Treffen mit dem Filmclub und wollte nicht, dass wir ohne ihn Geister erschrecken gingen. Also ging ich schließlich einfach eine große Runde laufen. Nur, um »Dampf abzulassen«, wie meine Mum sagen würde, ein Zitat von Groß-Al.

Meine Laufrunde führte mich zum Seniorenzentrum. Ich weiß nicht genau, warum ich hineinging, ich hätte einfach daran vorbeilaufen oder es umrunden können. Vielleicht wollte ich einen Chocolate Chip Cookie. Vielleicht wollte ich auch wieder Albert genannt werden, jetzt, wo ich wusste, dass es ein Scherz war. Diesmal könnte ich sogar mitspielen, als hätte ich ihn von Anfang an durchschaut.

Als ich hineinging, saß niemand am Empfang. Hier war es wirklich nicht schwer, an den Security-Leuten vorbeizukommen, so viel stand fest. Aber nachdem ich die Senioren kurz beim Fitnesstraining beobachten konnte, als ich den Gang Richtung Cookie-Raum entlangging, war ich ziemlich sicher, dass sie es sowieso mit allem aufnehmen konnten, wenn sie mussten. Ich spähte um den Türrahmen herum in den Cookie-Raum, um zu sehen, ob irgendjemand da war, den ich kannte. Natürlich waren Nate und Ellen da und ihre Freunde Bill, Henry und Lucy – und saßen an demselben Tisch, an dem sie letztes Mal auch gesessen hatten. Auch auf denselben Stühlen, soweit ich mich erinnern konnte. Ich wusste aber, dass sie sich in der Zwischenzeit bewegt hatten, denn sie trugen andere Kleidung. Alle, bis auf Henry vielleicht.

»Hey, Albert!«, sagte Nate, nachdem er mich zögernd im Türrahmen entdeckt hatte. »Komm doch rüber zu uns, ganz locker.«

Ganz locker. Das war gut. Nur dass ich jetzt keine lustigen Alt-Männer-Sprüche mehr brauchte.

»Cookie?«, bot Ellen an.

»Nimm zwei«, sagte Lucy. »Die kommen frisch aus dem Ofen und sind jetzt am besten.«

Ich nahm zwei und biss in einen. Lucy hatte recht. Er war perfekt.

Als ich fertig gekaut und hinuntergeschluckt hatte, sagte ich: »Sitzt ihr immer am selben Platz, wenn ihr hierherkommt? Ist das wie in der Kantine in der Schule? Gibt es Cliquen?«

»Ich glaube schon«, sagte Ellen. »Aber wir schließen niemanden aus.«

»Tut ihr nicht?«

»Wir haben dich doch schon bei uns sitzen lassen, oder?«, sagte Henry. »Und du bist nicht nur neu, du bist auch ein beachtliches Stück jünger als wir.«

»Und verschwitzter«, sagte Nate.

»Tut mir leid. Ich bin hierhergelaufen.«

»Warum?«, fragte Nate. »Wurdest du verfolgt?«

»Nein«, sagte ich. »Ich gehe nur nicht gerne, wenn ich auch laufen kann.« Das war nur die halbe Wahrheit, aber das war eine andere Geschichte.

»Ha!«, sagte Nate. »Albert, du bist mir ein Scherzkeks!«

Ein Scherzkeks. Caroline konnte sicher noch ein paar von diesen Perlen in der neuen/alten Version ihres Buches verwenden. Vielleicht würde ein lebhafterer Opa die Sache wieder interessanter machen. Oder überhaupt irgendwie interessant.

»Albert, du siehst niedergeschlagen aus«, sagte Nate. »Was ist los, was geht dir durch den Kopf?«

Ich schüttelte mich, weil ich es selbst kaum glauben konnte. »Ein Buch, tatsächlich.«

»Das kann aber kein sehr gutes Buch sein.«

»Es hätte eines sein können«, sagte ich.

KAPITEL 44

Alle am Tisch schwiegen. Was irgendwie meine Schuld zu sein schien. Ich nahm noch einen Bissen von meinem Cookie und versuchte, die Unterhaltung von dem Buch, das hätte sein können, abzulenken.

»Also«, sagte ich, »lest ihr gerne?«

Sie alle lachten.

»Klar doch«, sagte Ellen. »Wer denn nicht?«

Ich zuckte mit den Schultern, als wüsste ich das auch nicht und als fände ich die Vorstellung, nicht gerne zu lesen, ebenfalls völlig absurd!

»Was für Bücher lest ihr denn so?«, fragte ich allgemein in die Runde.

»Historische Romane«, sagte Ellen. »Vorzugsweise britische. Mit Enthauptungen.«

»Kochbücher«, sagte Lucy. »Außer wenn ich Hunger habe.«

»Thriller«, sagte Bill. »Kalter Krieg hauptsächlich.«

»Militärgeschichte«, sagte Nate. »Am liebsten mag ich Bürgerkrieg.«

»Großdrucke!«, beendete Henry die Runde.

Sie lachten wieder.

»Wie sieht's bei dir aus, Albert? Was liest du gerne?«, fragte Nate.

»Ich?« Ich schluckte den letzten Bissen meines Cookies hinunter. Ich wusste, dass es unangenehme Nachfragen geben würde, egal, was ich sagte, also entschied ich mich für die Wahrheit. »Ähm. Nicht so viel. Ich bin das, was alle einen Lesemuffel nennen.«

»Wer nennt dich so?«, fragte Nate. »Mit Verlaub, aber das klingt nach ziemlichem Mumpitz.«

Mit Verlaub. Ziemlicher Mumpitz.

»Wenn du mich fragst«, sagte Ellen, »hast du einfach noch nicht das richtige Buch getroffen.«

»Das kann dauern«, sagte Lucy. »Wie dem richtigen Mann zu begegnen.«

Sie sah hinüber zu Bill und lächelte. Er lächelte zurück.

»Lucy«, sagte Nate, »du bist zum Schreien.«

Zum Schreien.

»Aber ich glaube, Ellen hat recht, Albert«, sagte er zu mir. »Man muss es immer wieder versuchen. Eines Tages wirst du ein nettes Buch treffen und dich Hals über Kopf verlieben.«

Das wurde ja immer verwirrender. Redeten wir hier überhaupt noch von Büchern?

Ich hatte so ein Gefühl, dass ich schon wieder veralbert wurde.

KAPITEL 45

Kennst du das Gefühl, nachdem etwas Schlimmes passiert ist? Wenn man dann einfach nur sein altes Leben zurückhaben will? Und wenn das passiert, wie viel besser es einem dann vorkommt? Das alte, normale Leben scheint besser zu sein, wenn man es mit dem Schlimmen vergleicht. Na ja, wie sich herausstellte, kann auch das Gegenteil eintreten, nachdem etwas Interessantes passiert ist. Wenn das weg ist und man sein altes Leben wiederhat, scheint das alte Leben langweiliger zu sein. Als ob du deine alten Turnschuhe wieder anziehst, nachdem du neue anprobiert hast.

Ich trottete durch die nächsten paar Wochen, und nichts machte mehr Spaß. Sogar das Wetter war grau und nass, was an den meisten Tagen einen Regenmantel bedeutete, was wiederum eine extra Schicht Schweiß darunter bedeutete, wenn ich von der Schule nach Hause kam. Was meine Mutter eines Freitagnachmittags sofort bemerkte, als ich hereinkam.

»Alex, du musst duschen gehen«, sagte sie kurz nachdem ich meinen Mantel ausgezogen hatte. Fast schon beleidigend kurz danach. »Zum Abendessen sind wir bei Caroline und Lu.«

Als wir bei Caroline und Lu ankamen, hatte Caroline einen eigenartigen Gesichtsausdruck. Als hätte sie aus Versehen ein Insekt gegessen und als könnte sie sich nicht entscheiden, ob es ihr geschmeckt hatte oder nicht. Oder auch hin- und hergerissen, um es kurz zu sagen.

Sie wollte nach meinem Arm greifen, aber ich war darauf vorbereitet und duckte mich weg. Also griff sie stattdessen nach meinem Ohr. Was wehtat und mich gleich darauf bereuen ließ, dass ich sie nicht an meinen Arm gelassen hatte. Sie führte mich in ihr »Büro«, ein Besenschrank mit einem Schreibtisch statt einem Besen darin.

»Das ist also die magische Werkstatt«, sagte ich, nachdem sie mein armes Ohr losgelassen hatte.

»Jep«, sagte sie. »Setz dich.«

Ich setzte mich auf einen Stapel Druckerpapier. Sie saß in dem Drehstuhl vor dem Schreibtisch und drehte sich so, dass sie mich direkt ansah. Ich rieb mein schmerzendes Ohr und wartete auf was auch immer jetzt passieren würde.

»Ich brauche deine Hilfe«, sagte sie.

Oje. Zeichnete sich da am Horizont etwa noch ein Buch ab? *Gerald besucht Großtante Letitia*? Was, wenn Caroline eine ganze Serie von Besuchen bei zunehmend uninteressanteren Verwandten plante? Was, wenn *Gerald besucht Opa* das Action-Buch der Reihe war?

»Okay«, sagte ich. »Wobei?«

Ihre Haare waren schon in einem Dutt. Ich sah, wie

ihre Hand danach griff, dann aber frustriert nach unten sank. Sie strich sich ein Nichts hinters Ohr und sagte: »Mit meinem neuen Buch. *Gerald im Zeitstrudelwehr des Zauberers*.«

KAPITEL 46

Das warf ziemlich viele Fragen auf, und ich begann bei der leichtesten. »Was ist ein Wehr?«

»Ein Wehr ist wie ein Damm. D-A-M-M. In einem Fluss.«

»Ich weiß, was ein Damm ist.«

»Entschuldige. In dem Damm werde ich den Zeitstrudel verstecken. Hauptsächlich, weil sich das als Buchtitel gut macht.«

»Okay. Aber ich dachte, du hättest das mit den Zauberern und Zeitstrudeln aufgegeben?«

Sie seufzte. »Hatte ich auch. Aber dann habe ich es mir anders überlegt.«

»Warum?«

»Tja, das ist eine interessante Geschichte«, sagte Caroline. »Aber im Grunde lässt sie sich auf eine sehr entschlossene Person namens Lulu zurückführen, die unsere Version des Buches hinter meinem Rücken ihrer Freundin, der Literaturagentin, geschickt hat.«

»Das ist ja dreist«, sagte ich. »Warst du sauer auf sie?«

»Ja, schon. Irgendwie. Eine Zeit lang. Bis die Agentin mir eine E-Mail geschrieben und gesagt hat, dass sie die neue Richtung, in die das Buch geht, toll findet und es definitiv lesen will, wenn ich fertig bin.«

Und jetzt verriet mir ihr Gesichtsausdruck, dass sie tatsächlich ein Insekt gegessen hatte, aber eins, das knusprig und lecker war.

»Sie findet es toll?«, fragte ich. »Den Zauberer und den Meister der Zaubertränke und den Zeitstrudel?«

»Und die Parallelwelt und die Gefährten und meinen Plan für die Aufgaben und die Rettung. Sie sagt, solche Sachen sind gerade sehr beliebt, und wenn ich es schaffe, in den nächsten paar Monaten fertig zu werden, ist sie ziemlich sicher, dass sie es verkaufen kann.« Ein großes Lächeln schlich sich auf ihr Gesicht. »Ist das zu glauben?«

»Klar«, sagte ich. »Das ist eine super Idee für ein Buch. Sogar ich wollte es lesen, und ich bin ein Lesemuffel.«

»Papperlapapp«, sagte Caroline. »Deine Mutter hat keinen Respekt vor Genreromanen.«

Ich hatte keine Ahnung, wovon sie redete. Schriftstellerkram, vermutete ich.

»Hatte sie noch nie«, stimmte ich ihr daher ganz vage zu.

»Ich brauche dich also weiterhin, um mit diesen super Ideen und fantasievollen Details aufzuwarten«, sagte Caroline. »Und wir sprechen hier über sehr viel mehr als zehn Dollar.«

Ach so, taten wir das? Das klang ziemlich gut in meinen Ohren.

Jetzt lächelte ich zurück. Nicht wegen des Geldes, obwohl das auch schön war. Ich war froh, weil es mit dem Buch wieder weiterging. Weil meine Alt-Männer-Sprüche nützlich sein würden. Weil ich jetzt ein Wehr finden und es mir genau anschauen musste.

Dann spulte ich die Unterhaltung in meinem Kopf ein Stück zurück und fragte: »Kannst du denn ein ganzes Buch in ein paar Monaten fertig schreiben?«

»Werde ich wohl müssen«, sagte sie. »Babys sind berühmt-berüchtigt dafür, dass sie nicht herumsitzen und darauf warten, gefüttert zu werden, bis du mit einem Kapitel fertig bist. Aber ich schreibe schnell, und ich bin supermotiviert. Es sollte also kein Problem sein. Als Erstes«, schloss Caroline und stand auf, »brauche ich eine Liste mit all den fantastischen Fantasybüchern, die du gelesen hast.«

Oh, oh.

»Da muss ich nämlich noch einiges nachholen!«, sagte sie.

KAPITEL 47

Alvin und ich verbrachten den Großteil des Abends damit, bei Caroline und Lulu auf dem Boden herumzukriechen, um herauszufinden, ob wir von den Teppichen wunde Knie bekamen und wie viele zerbrechliche Gegenstände wir auf Babyhöhe finden konnten. Alvin trieb diesen Sicherheitscheck auf die Spitze, als er auf einem Kabel herumkaute. Einen elektrischen Schlag hatte er zwar nicht bekommen, aber er wurde von beiden Tanten und beiden Elternteilen angeschrien.

Für das Abendessen legten wir eine sehr kurze Pause ein, danach wies uns Lulu direkt an, wieder an die Arbeit zu gehen. Caroline hatte recht gehabt – sie war wirklich sehr bestimmend. Sie belohnte unseren Einsatz damit, dass sie uns beide eine Hand auf ihren Bauch legen ließ, damit wir die Tritte des Babys spüren konnten. Meiner Meinung nach fühlte es sich eher so an, als würde von innen jemand gegen ihren Bauch schnipsen, aber vermutlich ist das so, wenn die Füße von jemandem so groß sind wie ein kleiner Finger.

»Das ist unser Cousin da drin«, sagte Alvin. Er beugte sich noch näher zu Lulus Bauch und rief auf einmal: »Hallooooooo, Cousin!«

»Mach das nie wieder«, sagte Lulu.

Als wir an diesem Abend nach Hause kamen, schrieb

ich Javier und Marta und erzählte ihnen die Neuigkeit, dass das Buch von den Toten auferstanden war, aber bis zur Mittagspause am Montag besprachen wir das Thema nicht weiter. Erfreulicherweise wusste nicht einmal Javier, was ein Wehr war. Und dann kümmerten wir uns erst mal um das größte Problem.

»Wie soll ich Caroline sagen, welche Bücher ich gelesen habe, wenn ich gar keine gelesen habe?«

»Das ist einfach«, sagte Marta. »Wir hinterlassen dem Geist eine Nachricht und fragen, was er für Bücher gelesen hat.«

»Das müssen wir gar nicht«, sagte Javier, während er sorgfältig Walnussstückchen aus seinem Brownie pickte. »Wir können in den Keller gehen und in die Kartons schauen.«

»Oh, supi«, sagte Marta. »Lasst es uns so langweilig wie möglich machen.«

Ich hatte auch schon daran gedacht, die Bücher im Keller durchzusehen, das Problem war nur:

»Aber diese Bücher sind für Erwachsene. Caroline schreibt für Kinder, und sie will wissen, was für Kinderbücher ich gelesen habe.«

»Könntest du nicht einfach behaupten, du hättest Erwachsenenbücher gelesen?«

»Ich begebe mich schon mit Kinderbüchern auf dünnes Eis«, sagte ich. »Ich glaube nicht, dass ich überzeugend behaupten könnte, dass ich diese dicken, fetten Erwachsenenbücher gelesen habe.«

»Du weißt, was du tun musst«, sagte Javier. »Du willst bloß nicht.«

»Was denn?«, fragte Marta. »Was muss er tun? Was will er nicht?«

Ich wusste es leider.

»Die Bibliothek«, sagte ich. »Ich muss in die Bibliothek gehen.«

»Oh, es ist noch viel schlimmer als das, mein Freund«, sagte Javier voller Freude. Er lehnte sich in seinem Stuhl zurück, zeigte mit seinem ausgehöhlten Brownie auf mich und sagte: »Du musst die Bibliothekarin fragen, ob sie dir ein paar Fantasybücher empfehlen kann. Und dann musst du dich hinsetzen. Und dann musst du sie lesen.«

Er lachte laut und lange, und das, was von seinem Brownie übrig war, fiel zu Boden.

KAPITEL 48

Diesen Ausflug in die Bibliothek schob ich tagelang vor mir her. Immer wieder sagte ich mir, dass ich nach der Schule zu viel zu tun hatte, aber eigentlich belog ich mich damit nur selbst. Am Samstag gingen mir schließlich die Ausreden aus, also schlüpfte ich in meine alten Turnschuhe und lief zum Hauptgebäude der Stadtbibliothek.

Es ist nicht so, dass ich noch nie zuvor dort gewesen war. Den Weg kannte ich also schon. Ich hatte nur einfach nicht so viel Zeit dort verbracht wie zum Beispiel Alvin. Ich lief am späten Nachmittag hin und hoffte, dass kein hüfthoher Haufen kleiner Kinder gerade Erzählstunde oder was auch immer in der Kinderbuchabteilung hatte.

Die Kinderbuchbibliothekarin saß an ihrem Schreibtisch. Sie war eine Komm-sofort-zur-Sache-Person – das war leicht an ihrer Erzähl-keinen-Unsinn-Brille zu erkennen. Und sie kannte sich gut aus. Sie empfahl Alvin immer Bücher, die dieser dann sofort auf seine Bücherwurmart verschlang.

»Alex Harmon«, sagte sie, als ich vor ihrem Schreibtisch stand. »Ich wusste, dass du kommen würdest.«

Das war doch seltsam, oder? Das klang nach etwas, das man nur von einer Gestalt in Leinenumhang mit einer Kapuze, die das meiste ihres Gesichts verdeckt, erwarten würde. In Wirklichkeit hatte die Bibliothekarin ganz normale Kleidung an, bis auf den Pulli, der selbst gestrickt aussah.

Sie betrachtete mich geduldig. Ohne zu blinzeln. Ihre Hände hatte sie vor sich auf dem Schreibtisch gefaltet. Es waren die ruhigsten, unaufgeregtesten Hände, die ich je gesehen hatte.

Ich fühlte mich, als ob ich nach einem gefährlichen Aufstieg auf einen steilen Berg an der Höhle irgendeiner mystischen Gestalt angekommen wäre. Ich war überrascht, dass sie mir keinen komischen Tee aus Wurzeln anbot. Tatsächlich hatte sie eine Tasse normal aussehenden Tee vor sich, bot mir aber keinen an.

»Woher wussten Sie, dass ich kommen würde?«, fragte ich, als ihr Blick langsam unangenehm wurde. »Ich wusste bis heute Morgen nicht einmal selbst, dass ich kommen würde.«

»Ich habe dich schon erwartet«, sagte sie.

Was keine Antwort auf meine Frage war.

Ich dachte gerade, dass ich vielleicht lieber zu der kleineren Bibliothekszweigstelle gehen sollte, als sie hinzufügte: »Du bist bereit, oder?«

»Wofür?« Ich kämpfte gegen den Drang an, langsam vor ihr zurückzuweichen und dann schnell im Zickzacklauf durch die Bilderbuchabteilung abzuhauen. Ich würde über den Vater auf dem Bodenkissen und sein Kleinkind mit dem Buch hinwegspringen müssen, aber ich war schnell – ich konnte es schaffen.

Die Bibliothekarin lächelte. Aber es war eher ein zufriedenes als ein fröhliches Lächeln. Sie sah aus wie ein Raubtier, das im flachen Grasland seine humpelnde Beute erspäht hat. Nur mit einer dicken Brille und einem selbst gestrickten Pulli.

»Was ist es, das du begehrst?«, fragte sie.

KAPITEL 49

»Ich, äh, begehre ein paar Bücher«, sagte ich zu der Bibliothekarin. Ich bemerkte, dass ich in der besänftigenden Stimme sprach, die meine Mutter bei ihren nervösen Haustier-Sitter-Kunden anwendete. Aber bei Bibliothekarinnen schien sie nicht zu funktionieren.

Ihr Lächeln verschwand. Sie zog eine Augenbraue hoch, während die andere blieb, wo sie war. Das ist viel schwieriger, als es aussieht, fand ich später vor dem Badezimmerspiegel heraus.

»Ein paar Fantasybücher«, fügte ich schnell hinzu. »Nur gute, welche, die Kinder in meinem Alter eben so mögen. Solche Bücher brauche ich.«

Die Augenbraue kehrte an ihren gewohnten Platz zurück. Ich atmete still auf.

»Ich denke, dazu kann ich dir einen Rat erteilen.« Sie stand auf. »Folge mir.«

Immer noch ein bisschen Umhang-und-Sandalen-in-einer-abgelegenen-Höhle-mäßig, oder? Wo war ihr langer, knorriger Stab? Ich folgte ihr in die Kinderbuchabteilung.

»Wir haben keine getrennten Regale für Science-Fiction- und Fantasybücher in der Kinderbuchabteilung, aber ich kann dir für den Anfang ein paar Vorschläge unterbreiten«, sagte sie, als wir den nächsten Gang betraten.

Ich war erleichtert, auf standardmäßigerem Bibliothekarinnen-Terrain zu sein. Wenigstens hatte sie mir nicht gesagt, dass ich drei Fragen beantworten oder das Biest der Kinderbuchabteilung besiegen musste.

»Doch zuerst drei Fragen«, sagte sie kaum eine Sekunde nachdem ich das gedacht hatte.

»Okay«, quiekte ich. Wenigstens hatte sie nicht gedroht, mich irgendwo eine Art Abgrund herunterzustoßen, falls ich eine der Fragen falsch beantwortete. Obwohl sich ein Abgrund nach einer guten Idee für eine von Geralds Aufgaben anhörte, jetzt, wo ich darüber nachdachte. Ich wünschte, ich hätte einen von diesen Bibliotheks-Bleistiftstummeln und einen Papierfetzen, um das schnell aufzuschreiben.

»Erste Frage: Kinder- oder Erwachsenenprotagonist?«, fragte sie mich.

Ich wusste nicht, was ein Protagonist war. Es klang ein bisschen schmerzhaft. »Äh, Kinder?« Gerald war ein Kind, und ich auch, also ging ich davon aus, dass das eine sichere Wahl war.

Sie nickte. Ich hatte die erste Frage überstanden.

»Zweite Frage: Die Erde in der Zukunft oder eine Parallelwelt oder etwas dazwischen?«

Bei dieser Frage konnte ich wenigstens den Grundgedanken erahnen. »Parallelwelt«, sagte ich.

Sie nickte wieder. Eine Frage noch. Inzwischen war mir tatsächlich der Schweiß ausgebrochen. Ich erinnerte mich daran, dass die Kinderbuchabteilung keinen Abgrund haben konnte. Wenn sie einen hätte, wäre Alvin nämlich längst dort hineingefallen.

»Dritte Frage: Lustig oder ernst?«

Hier war ich mir nicht ganz sicher. War *Gerald im Zeitstrudelwehr des Zauberers* eher lustig oder ernst? Bisher erschien es mir ziemlich ernst, mit dem bösen Zauberer und dem Opa, der im Zeitstrudel gefangen war. Aber dann gab es auch Snarko und die Teufelin. Die waren lustig, vor allem wenn, sie sich stritten. Ich entschied mich schließlich aber in dem Wissen, dass ich diese Bücher auch würde lesen müssen.

»Lustig«, sagte ich. »Lustig wäre gut.«

KAPITEL 50

Vielleicht hast du ja in der vorherigen Szene ein paar Stellen wiedererkannt? Aus Geralds Aufstieg auf den Nebelberg, als er die *Weisheit der Verschollenen Bibliothekarin* ersuchen will? Zumindest, wenn du Buch 2 gelesen hast, meine ich (und sorry für den Spoiler, wenn du es noch nicht getan hast). Aber als ich an diesem Nachmittag die Stufen der Bibliothek hinunterlief, waren wir noch weit vom Nebelberg entfernt.

Ein gutes Stück weiter unten auf dem Gehsteig warf ich einen Blick zurück, nur um sicherzugehen, dass sich kein großes, geflügeltes Reptil mit gespreizten Klauen und weit aufgerissenem Maul vom Dach der Bibliothek gestürzt hatte, um mich zu verfolgen. Ein paar Spatzen auf einem Fenstersims zwitscherten mich an, aber sie machten sich nicht einmal die Mühe, wegzufliegen, als ich an ihnen vorbeiging.

Ich ging um einen Kanaldeckel in der Nähe herum, nur für den Fall, dass das Biest der Kinderbuchabteilung wirklich in einem Abgrund lebte und dieser Gully sein bevorzugter Ausgang war. Ich fand eine sichere Parkbank und setzte mich eine Minute hin, um die Bücher anzuschauen.

Die Bibliothekarin hatte mir drei mitgegeben, und die waren nicht dünn. Mir graute es nicht direkt davor, sie zu lesen, aber ich hatte das Gefühl, ein paar Ladungen mehr auf meinen Hausaufgaben-Haufen für das Wochenende geschippt zu haben.

Als ich zu Hause ankam, beschloss ich, es hinter mich zu bringen. Ich schenkte mir ein großes Glas Limonade ein und legte mich mit dem kürzesten der drei Bücher auf mein Bett. Ich wollte erst einmal den Umschlag und vielleicht das erste Kapitel lesen und den Rest überfliegen, wenn es mir zu langweilig wurde. So ging ich grundsätzlich immer an jede Art von Buch-Hausaufgabe heran.

Der Umschlag war okay. Er teilte mir mit, worauf ich mich einließ, ohne die ganze Handlung zu verraten. (Es gibt nichts Nervigeres als »Aber eine plötzliche Tragödie …« in Buchbeschreibungen. So was bringt einen dazu, die ganze Zeit über darauf zu warten, dass jemand – oder jemandes Haustier – stirbt.)

Das erste Kapitel war nur drei Seiten lang, was ich gut fand. Es endete mit einem Cliffhanger, der ein bisschen Grusel und Gefahr versprach. Was bewies, dass mein Instinkt, wie man ein Buch anfing, mich nicht getäuscht hatte. Ich las weiter. Und es blieb interessant und wurde auch lustig, als die Gefährten auftauchten.

Ich schaffte es, vier Kapitel zu lesen, bis mein rechtes Bein zu zucken anfing und ich eine Runde laufen gehen musste. Während des Laufens verglich ich das, was ich gelesen hatte, mit Carolines Buch. *Gerald im Zeitstrudelwehr des Zauberers* war nicht ganz so lustig wie das hier, aber es war genauso spannend. Und vielleicht war ich voreingenommen, aber ich fand, dass Carolines Gefährten mehr Charakter hatten.

Als ich von meiner Laufrunde zurückkam, hatte ich mir fest vorgenommen, weiterzulesen. Ich setzte mich hin und nahm das Buch in die Hand. Aber dann sah ich mein Handy auf dem Bett liegen. Meine Nachrichten hatte ich das letzte Mal vor dem Laufen gecheckt. Was, wenn mich in der Zwischenzeit jemand erreichen wollte? Was, wenn jemand inzwischen etwas wahnsinnig Lustiges gepostet hatte?

Ich nahm mein Handy und fing an zu scrollen. Es war nichts Interessantes passiert. Aber jetzt war die Vorstellung zu lesen, auf einmal nicht mehr so reizvoll. Ich setzte mich vor meinen Computer und machte mich für eine Runde Stirn-Level auf *Pickel-Patrouille* bereit.

KAPITEL 51

Irgendwann war ich dann endlich mit dem ersten Buch fertig, das mir die Bibliothekarin mitgegeben hatte. Dann las ich die Umschläge der anderen. Und dann war es auch schon an der Zeit, sie zurückzugeben.

Ich schickte Caroline eine E-Mail mit den Namen der Bücher. Ich fühlte mich schlecht, weil ich nur eines davon gelesen hatte, aber zu meiner Verteidigung: Ich hatte in der letzten Zeit sehr viele Hausaufgaben und einfach keine Lust mehr auf zusätzliches Freizeitlesen.

Caroline schrieb beinahe sofort zurück.

> Vielen, vielen Dank dafür!! Ich werde gleich losrennen und sie kaufen. Ich bin so froh, dass du mir Tipps gibst, Alex. Du kriegst definitiv ein großes Dankeschön in der Danksagung, wenn dieses Buch veröffentlicht wird. Und es sieht so aus, als könnte das wirklich passieren!! Die Agentin sagt, sie würde das Projekt »sehr gerne vertreten«, wenn das Ende genauso gut wird wie der Anfang. Ich habe immer noch viel zu tun, aber deine Buchempfehlungen werden mir eine große Hilfe sein, genau wie deine fantasievollen Details, die du immer mitschickst.

Das war ja alles schön und gut für Caroline. Aber es brachte mich in eine unangenehme Position. Erstens war sie überzeugt davon, dass ich eine Art Fantasiegenie war, was nicht stimmte. Und zweitens dachte sie jetzt, dass ich all diese Bücher gelesen hatte und ihr deswegen Ratschläge für ihres geben konnte. Ich verstrickte mich immer weiter und weiter in ein Netz aus … nicht direkt Lügen, aber so etwas Ähnlichem. Etwas, das definitiv schlimmer war als ein einfaches Missverständnis.

Caroline hatte ein falsches Bild von mir, und ich tat nichts, um das richtigzustellen. Tatsache war, dass es mir Spaß machte, an diesem Buch zu arbeiten, und ich wollte nicht, dass sie aufhörte, mich nach meinen Ideen zu fragen. Denn sie würde aufhören, wenn sie auf einmal herausfand, was ich wirklich anzubieten hatte. Nämlich so gut wie gar nichts.

Ich sah mich um in dem Netz, in das ich mich verstrickt hatte. Und ich fasste einen Entschluss: Ich würde nicht weiterstricken, wenn ich es vermeiden konnte, aber ich war auch nicht bereit dazu, aus dem Netz hervorzukommen und lauthals die Wahrheit in die Welt hinauszuposaunen. Das konnte warten, bis Caroline fertig war. Dann würde ich ihr alles sagen. Dann konnte sie entscheiden, ob sie meinen Namen immer noch in die Danksagung schreiben wollte oder nicht.

KAPITEL 52

Ich stand knietief in einem kalten Bach. Ich trug hohe Gummistiefel (von meiner Mutter ausgeliehen – ja, peinlich), die aber längst mit Wasser vollgelaufen waren, also funktionierten sie jetzt wie extra Schwerkraft-Stiefel. In den Händen hielt ich einen großen Stein. Einen ähnlich schweren Stein hatte ich bereits auf meinen linken Fuß fallen lassen, deshalb hielt ich diesen jetzt so vorsichtig, als würde er gleich explodieren.

Javier stand am Bachufer, von wo aus er mich gleichzeitig filmte und hämisch angrinste. Marta stand neben ihm und schrie uns beiden Anweisungen zu. Ihr Ellbogen war zwar angeblich verheilt, aber ihre Mutter wollte nicht, dass sie diesen Arm schon wieder benutzte.

Der Bach war schmal – vielleicht einen Meter breit –, dafür war er doppelt so kalt und überraschend tief.

»Du darfst keine Lücken zwischen den Steinen lassen!«, schrie Marta.

»Das sind Steine«, schrie ich zurück, »und keine Ziegel. Ein paar Lücken wird es schon geben.«

»Es wird aber nicht funktionieren, wenn das Wasser dazwischen durchkommt.«

»Es wird auch nicht funktionieren, wenn ich zu dir rüberkomme und den hier auf deinen Zeh –«

Aber ich konnte meine Drohung nicht beenden, denn ich verlor in dem Flussbett den Halt und kämpfte darum, mein Gleichgewicht nicht zu verlieren, während ich gleichzeitig einen großen Stein in den Armen hielt. Doch der fiel schließlich mit einem lauten Platscher ins Wasser und spritzte mich auch überall da nass, wo ich noch nicht komplett durchweicht gewesen war.

»Ich werde eine Lungenentzündung kriegen«, schrie ich.

»Du kannst keine Lungenentzündung bekommen, nur weil dir kalt ist«, sagte Javier. »Das ist ein Mythos.«

»Ich kann aber sauer werden, nur weil mir kalt ist«, sagte ich.

»Das war doch *deine* Idee!«

War es auch. Ich war derjenige gewesen, der entschieden hatte, dass wir wissen mussten, wie ein Wehr aussah. Und nach ein bisschen Internetrecherche hatte ich es aufgegeben, eines in der Nähe zu finden. Dann hatte ich einen Geistesblitz. Ich tippte »Wie baut man ein Wehr« ein. Und hier waren wir jetzt. Zwei von uns im Warmen und Trockenen am Bachufer im Waldstück hinter der Bibliothek, und einer von uns durchnässt in der Kälte und Steine schleppend, bei dem Versuch, sie hoch genug aufzutürmen, um das Wasser zu stauen und zum Überlaufen zu bringen.

Bisher hatte ich sieben Steine platziert, und langsam dämmerte mir, dass ich noch ungefähr siebzig weitere brauchen würde, als ich unter Wasser plötzlich über einen

Ast stolperte und hinfiel. Mein Steißbein knallte hart auf einen meiner Wehrsteine, rutschte dann von ihm hinunter, und ich glitt ins Wasser.

KAPITEL 53

Javier wusste wahrscheinlich ganz genau, wie lange ein Mensch in einem kalten Bach überleben konnte, aber ich wusste es nicht. Wahrscheinlich nur Minuten. Vielleicht auch nur Sekunden. Ich war mir sicher, dass es keine Stunden waren. Ich strampelte wild in dem Bach herum und versuchte, meine Hände unter meinen Körper zu bekommen, sodass ich mich abstützen und dann aufstehen konnte. Aber alles in dem Bach war rutschig – entweder hart und glitschig und deshalb unmöglich, sich daran festzuhalten, oder weich und glitschig und zu eklig, um sich daran festzuhalten.

Endlich bekam ich meine Hände unter meine Brust, die aber gleich wieder zur Seite weggespült wurden, sodass auch mein Gesicht unter Wasser geriet. Welches sich jetzt noch viel kälter anfühlte, da auch noch mein Kopf drin war. Ich konnte gut schwimmen, aber schwimmen würde mir hier nichts nützen – es gab nicht genug Wasser dafür. Doch irgendwie gab es genug, um darin zu ertrinken. Das stell dir jetzt mal vor.

Hast du jemals den Ausdruck gehört »Besser als von einem spitzen Stock gepikst zu werden«? Vielleicht sagt das aber auch nur mein Dad. Jedenfalls war es definitiv schlimmer, in Wasser zu ertrinken, das nur einen halben

Meter tief war, als mit einem spitzen Stock gepikst zu werden. Bis ich *zusätzlich* zum Ertrinken noch mit einem spitzen Stock gepikst wurde. Was definitiv schlimmer war als das jeweils Einzelne.

Ich griff nach dem Stock und spürte, wie er mich zur Seite zog. Da begriff ich, dass es nicht irgendein Stock war – er war jemandes Idee, mich zu retten. Meine Hände waren so kalt, dass ich mich nur schwer festhalten konnte, aber ich schaffte es und wurde an den Rand des Baches gezogen, wo ich dann hustend und zitternd auf festem Boden lag.

»Geht's dir gut?«, fragte Marta.

»Ja«, brachte ich heraus, als ich mich das Ufer hochzog. »Aber ich muss mich vielleicht übergeben.«

Marta wich sofort zurück. Bei ihr war das wie ein Dominoeffekt – wenn eine Person anfing, sich zu übergeben, war sie garantiert die Nächste.

Ich hustete eine Zeit lang, ohne dass etwas kam. Dann setzte ich mich auf und schälte mich aus meinem nassen Pullover. Wortlos reichte mir Javier seinen, und ich benutzte ihn, um mich so gut es ging abzutrocknen, dann zog ich ihn an.

»Hätten Ha-handtücher mitnehmen sollen«, sagte ich mit klappernden Zähnen.

»Wer hätte ahnen können, dass du schwimmen gehst?«, sagte Javier.

Ich goss das Wasser aus den Gummistiefeln meiner Mum, zog sie wieder an und stand auf. »Ich glaube, das war genug Recherche für heute.«

Marta hielt den spitzen Stock aufrecht neben sich wie einen Speer. Hatte sie mich wirklich mit nur einem Arm aus dem Bach gezerrt? Dieses Mädchen hatte etwas nicht ganz Menschliches an sich. Sie zeigte mit dem Stock auf mich und sagte: »Du hast dein Wehr nicht fertig gebaut.«

Javier streckte den Arm aus und drückte den Stock Richtung Boden. »Ich glaube, wir haben, was wir brauchen«, sagte er.

KAPITEL 54

Es war ein sonniger Tag, deshalb trocknete ich schnell, als wir von dem Bach und meinem schwachen Versuch, ein Wehr zu bauen, zu mir nach Hause gingen. Jetzt, wo mir langsam wieder warm wurde, merkte ich erst, wie sehr ich mir am Steißbein wehgetan hatte, als ich auf den Stein gefallen war. Ich ging wie ein alter Mann, und das bedeutete, dass ich in nächster Zeit erst recht nicht laufen gehen konnte.

Marta trug immer noch den Stock mit sich herum, und weder Javier noch ich trauten uns zu fragen, was sie damit vorhatte. Manchmal war es einfacher, im Dunkeln zu tappen.

»Das hätte irgendwie besser laufen können«, sagte ich schließlich.

»Wenigstens hast du ein Gefühl dafür bekommen«, sagte Marta.

»Ja, ein glitschiges, kaltes, nasses Gefühl«, sagte ich. »Ganz zu schweigen von dem Gefühl eines sehr schmerzenden Hinterns.«

»Also, normalerweise«, sagte Javier, »wenn eine Person sagt: ›Ich glaub, ich schreib ein Buch‹, ist der naheliegendste Gedanke dann nicht: ›Oh, oh, dabei wird sich jemand wehtun.‹«

»Stimmt«, sagte Marta. »Es ist ja nicht so, wie wenn jemand sagt: ›Ich glaub, ich geh klippenspringen, ohne vorher geübt zu haben – das werd ich auf dem Weg nach unten schon lernen.‹«

Javier nickte. »Oder nicht so, wie wenn jemand sagt: ›Mein Rücken juckt, aber ich komm nicht ran. Ich glaub, ich werde mich in Glasscherben wälzen – das sollte helfen.‹«

»Oder nicht so, wie wenn jemand sagt: ›Weißt du, was mich wirklich von meiner Trapezartistinnenkarriere abhält? Das Sicherheitsnetz. Das Ding muss weg.‹«

»Oder nicht so, wie wenn jemand sagt: ›Ich hab meine Brille verloren, aber ich kann immer noch problemlos die schwarze Piste runterfahren.‹«

»Oder nicht so, wie wenn jemand sagt …«

»Ich hab's kapiert«, unterbrach ich sie. »Ein Buch zu schreiben, sollte nicht gefährlich sein. Aber ich schreibe kein Buch. Mein Job ist es, die Details für ein Buch zu recherchieren, um es realistisch zu machen. Indem ich Sachen ausprobiere. Und manchmal ist das eben gefährlich.«

»Ich glaub nicht, dass Romanfigur-Stunt-Double ein echter Beruf ist«, sagte Javier. »Und ich bin mir ziemlich sicher, dass deine Tante dich auch nicht dafür angeheuert hätte, selbst wenn es einer wäre.«

Er hatte recht. Caroline wäre entsetzt gewesen, wenn sie gesehen hätte, wie ich von dem Rankgitter herunterfiel oder in dem Bach herumstrampelte.

»Sobald meine Mum mir wieder erlaubt, meinen Arm

zu bewegen, übernehme ich die Sache«, sagte Marta. »Ich hab da nämlich so ein Gefühl, dass Romanfigur-Stunt-Double mein Traumberuf sein könnte.«

KAPITEL 55

Fast eine Woche nach dem Wehr-Unfall, gerade als mein Steißbein begann, sich wieder normal anzufühlen, kam ich von der Schule nach Hause und traf im Flur meinen Dad.

»Alex«, sagte er. »Willst du was Komisches sehen?«

»Geht es um Alvin?«

»Nein – es ist nichts, was in seiner Nase war. Versprochen. Es ist noch viel komischer. Etwas Seltenes. Etwas, was du vielleicht noch nie zuvor gesehen hast.«

»O Gott, Dad, zeig's mir einfach«, sagte ich. Ich hatte schließlich noch andere Sachen zu tun.

Er ging mit mir in die Küche und zeigte mit einer dramatischen Geste auf das Festnetztelefon.

»Schau mal«, sagte er.

Ich schaute. Und es war *wirklich* komisch. Die Ladestation unter dem Telefon hatte einen winzigen Bildschirm, und auf diesem Bildschirm blinkte eine 1.

»Hast du so was schon mal gesehen?«, fragte mein Dad. Er hatte sichtlich Spaß.

»Was bedeutet das?«

»Es bedeutet, dass jemand angerufen hat – auf dem Festnetztelefon. Und er oder sie hat eine Nachricht hinterlassen.«

»Wer macht denn so was?«

»Hier wird es noch viel interessanter«, sagte Dad. »Die Nachricht ist für *dich*.«

Das ergab wirklich überhaupt keinen Sinn.

»Was muss ich machen, um sie abzuhören?«, fragte ich.

»Du drückst auf *Play*«, sagte mein Dad. »Und dann hörst du zu.«

»Woher weißt du, dass sie für mich ist?«

»Ich hab sie schon angehört.«

»Warum kannst du mir dann nicht einfach verraten, worum es geht?«

»Na ja, erstens, weil dies deine einzige Gelegenheit sein könnte, jemals eine Nachricht abzuhören, die für dich auf einer Festnetzverbindung hinterlassen wurde. Das ist historisch! Und zweitens, weil ich deinen Gesichtsausdruck sehen will, wenn du sie hörst.« Er verschränkte seine Arme und lehnte sich ganz lässig an die Wand.

Jetzt stellte ich mir alles Mögliche vor. Einen berühmten Filmstar, der mich fragte, ob ich in seinem nächsten Film die Rolle von ihm als Kind spielen wollte? Einen Wettbewerb, den ich gewonnen hatte, ohne zu wissen, dass ich daran teilgenommen hatte? Eine Lehrerin, die wegen eines Aufsatzes anrief, der so gut war, dass sie …

Aber meinem Dad stand nicht »etwas Cooles für Alex« quer über das Gesicht geschrieben. Oder auch nur »etwas Beeindruckendes, das Alex gemacht hat«. Mein Dad sah interessiert aus. Und amüsiert. Das hier war also vermutlich eher so was wie »etwas Peinliches über Alex«.

Ich drückte auf *Play*.

KAPITEL 56

Die Nachricht war kurz und direkt.

»Dies ist eine Nachricht für Alex Harmon«, begann sie in der Erzähl-keinen-Unsinn-Stimme einer Frau. Die Erzähl-keinen-Unsinn-Stimme kam mir bekannt vor. »Ich rufe an, um dich darüber zu informieren, dass das Buch, das du benötigst, in der Bibliothek auf dich wartet. Hab vielen Dank für deine ungeteilte Aufmerksamkeit in dieser Angelegenheit.«

Mein Vater grinste mich nun unverhohlen an. Mit diesem breiten Grinsen, das alle seine Zähne zeigte und noch viel mehr.

»Ich hab keine Ahnung, worum es hier geht«, sagte ich.

»Hast du kein Buch in der Bibliothek bestellt?«

»Nein, hab ich nicht. Vielleicht ist es für Alvin.«

»Sie hat Alex gesagt. Ziemlich deutlich.«

»Und was soll ich jetzt machen?«

»Klingt so, als solltest du mal lieber schnell runter zur Bibliothek laufen und das Buch abholen, das du benötigst.«

Mein Vater grinste immer noch, als ich zur Tür hinausging.

Ich kam an der Bibliothek an, als die meisten Leute sie gerade verließen. Ich ging hinüber zum Ausleihe-Schreibtisch und sagte der Dame dort, dass ein Buch auf mich wartete.

Sie schaute eine Weile in dem Ausleihe-Regal nach, dann bat sie mich, meinen Namen zu wiederholen. Sie suchte noch einmal und gab dann auf.

»Tut mir leid«, sagte sie. »Wann hast du die Nachricht denn bekommen? Vielleicht ist es wieder in das Lager zurückgegangen, wenn es schon ein bisschen länger her ist.«

»Ich habe die Nachricht heute bekommen«, sagte ich.

»Weißt du, wer sie hinterlassen hat?«

»Die Bibliothekarin aus der Kinderbuchabteilung.«

»Hm, könnte sein, dass sie es dann hat. Warum läufst du nicht mal kurz rüber und schaust nach?«

Natürlich. Natürlich hatte das zur Folge, dass ich zu der Bibliothekarin in ihrem abgelegenen Unterschlupf zurückkehren musste.

Ich hätte einfach wieder heimgehen können. Aber ich war der Sohn meines Vaters: neugierig. Außerdem war ich den ganzen Weg extra hergekommen. Noch dazu würde mein Dad keine Ruhe geben, wenn ich ohne Erklärung für die historische Nachricht auf dem Festnetztelefon nach Hause käme.

Also dankte ich der Dame am Schreibtisch zerknirscht und machte mich auf den Weg bergauf zu der Höhle der Bibliothekarin.

KAPITEL 57

Da saß sie, an ihrem Schreibtisch, und wartete wie eine belesene Spinne darauf, dass die Fliege (ich) sich auf der Suche nach einem Buch, das sie nie bestellt hat, in ihrem Netz verfangen würde.

»Alex Harmon«, sagte sie, als ich vor ihrem Schreibtisch stand. »Ich nehme an, du hast meine Nachricht erhalten.«

»Ja, aber ich glaube, ich habe kein Buch bestellt.«

Sie betrachtete mich eingehend, und der getrocknete Schweiß in meinen Achselhöhlen von meinem Sprint hierher verflüssigte sich wieder.

»Du hast nur eines der drei Bücher gelesen, die ich dir empfohlen habe, als du das letzte Mal da warst«, sagte sie.

Okay, woher wusste sie das?

Ich stellte diese Frage nicht laut, aber anscheinend hatte sie übernatürliche Superkräfte – vielleicht bekam sie die aus Tee, den sie aus alten Lesezeichen braute.

Sie legte ihre Hand auf ein Buch auf ihrem Tisch. »Ich weiß, wenn ein Buch gelesen oder ungelesen zurückkehrt«, sagte sie.

Sie musterte mich von Kopf bis Fuß. Ich wünschte mir langsam, dass der Abgrund, den ich letztes Mal um jeden Preis vermeiden wollte, sich diesmal auftun würde, sodass ich hinunterspringen konnte, mit oder ohne Bestie darin.

»Waren sie nicht das, was du brauchtest?«, fragte sie.

»Äh, nein, gar nicht. Ich meine, doch, waren sie schon. Was ich brauchte. Sie waren super. Ich hatte nur, äh, ich hatte keine Zeit, alle zu lesen.«

»Und?«

Im Rückblick auf diese Unterhaltung fällt mir auf, dass die Bibliothekarin eine großartige Kriminalpolizistin abgegeben hätte. Die Bibliothek würde gleich schließen, aber sie starrte mich an, als hätten wir die ganze Nacht, wenn es darauf ankäme. Also sprudelte es nur so aus mir heraus.

»Und ich bin zappelig geworden und laufen gegangen, und mein Handy hat vibriert und …«

Sie hob ihre Hand, und ich zog die Notbremse, bevor ich zu »… und ich musste ein paar Mal pinkeln« kam.

Sie drehte sich auf ihrem Stuhl und zog eine Plastikschachtel aus dem Regal hinter sich hervor. »Das ist für dich«, sagte sie.

Ich nahm die Schachtel. »Das ist aber kein Buch.«

»Ganz sicher ist das ein Buch«, sagte sie.

Ich würde nicht diskutieren. Wenn sie sagte, dass die Schachtel ein Buch war, war die Schachtel ein Buch. Und wenn sie mir sagen wollte, dass mein großer Zeh ein Buch war, würde ich meinen Turnschuh und meinen Socken ausziehen und mich genau hier an Ort und Stelle hinsetzen und versuchen, ihn zu lesen.

»Ich freue mich darauf, zu hören, was du davon hältst«, sagte sie.

Und ich war entlassen.

KAPITEL 58

Wie ich herausfand, als ich die Schachtel draußen vor der Bibliothek aufmachte, enthielt sie ein kleines Gerät. Ein kleines Gerät, an das man Kopfhörer anstecken konnte. Da ich dachte, das Gerät könnte Anweisungen zu einer Top-Secret-Spionagemission für mich enthalten, hörte ich mir den Anfang sofort auf dem Gehsteig an. Was ich zu hören bekam, waren keine geheimen Anweisungen, sondern die einleitenden Sätze eines Hörbuchs. Zu einem der Bücher, die die Bibliothekarin mir empfohlen und das ich ungelesen wieder zurückgegeben hatte. Sie hatte es mir jetzt noch einmal gegeben, und zwar im Audioformat.

Vor mir lag ein 20-Minuten-Lauf nach Hause, also, entschied ich, konnte ich dem Buch genauso gut eine 20-Minuten-Chance geben. Ich wusste nicht, ob die Bibliothekarin feststellen konnte, ob ein Hörbuch angehört worden war oder nicht, aber ich wollte kein Risiko eingehen. Nächstes Mal würde sie vermutlich versuchen, es mir in Blindenschrift zu geben, und dann hatte ich ein großes Problem.

Mein Dad hat mir früher, als ich klein war, immer vorgelesen, und dann Alvin und mir, jeden Abend, bevor wir ins Bett gegangen sind. Manchmal las er Alvin immer noch vor, und ich gebe zu, dass ich meistens über den Flur hinweg zuhörte, während ich so tat, als würde ich genau das nicht tun.

Mein Dad ist in Bermuda aufgewachsen, und er hat einen ungewöhnlichen Akzent, was bedeutete, dass es noch mehr Spaß machte, ihm beim Vorlesen zuzuhören. (Obwohl Alvin und ich das niemals zugaben und wir uns manchmal über seine Aussprache von bestimmten Wörtern lustig machten.) Der Autor des Buches, das ich anhörte, während ich von der Bibliothek nach Hause lief, war ein Brite, und der Erzähler des Buches auch. Nicht ganz derselbe Akzent, aber er erinnerte mich trotzdem an den von meinem Dad.

Das Beste an dem Hörbuch war allerdings, dass ich gleichzeitig zuhören und laufen konnte. Ich hörte nicht gerne Musik, wenn ich lief, weil ich dann nicht mehr hören konnte, was um mich herum los war und ob jemand hinter mir her sein könnte. Und diese Vorstellung mochte ich *ganz und gar nicht*, aber das ist eine andere Geschichte. Aber die Vorlesestimme eines Hörbuchs übertönte andere Geräusche nicht.

Also lief ich und hörte zu, und ich will ehrlich sein: Es machte Spaß. Das Buch war interessant, und der Typ, der es vorlas, machte verschiedene Stimmen für die verschiedenen Figuren. Als ich zu Hause ankam, war die Hauptperson gerade durch das achtzehnte Loch auf einem Minigolfplatz in eine andere Welt gefallen, also lief ich direkt an meinem Haus vorbei und noch ein Stückchen weiter.

Ich drehte um, als es langsam dunkel wurde, aber ich hörte auf den Hin- und Rückwegen zur Schule weiter, bis es zu Ende war. Dann ging ich zurück zur Bibliothek, um die nächsten Hörbücher der Reihe auszuleihen.

Was die Bibliothekarin anging, so lächelte sie immer süffisant, wenn sie mich in der Hörbuchabteilung sah. Dann zog sie sich in ihre abgelegene Höhle zurück, um sich noch einen ausgebeulten Umhang zu weben oder noch ein bisschen übernatürlichen Tee aus Lesezeichen zu brauen.

Und wenn sie sich selbst in *Gerald in der Grotte der Gargoyle* erkannt hat, dann hat sie niemals auch nur ein Wort darüber verloren, zumindest nicht, soweit ich weiß.

KAPITEL 59

Gerald im Zeitstrudelwehr des Zauberers war über hundert Seiten lang, als ich es das nächste Mal sah. Es war zwar immer noch lange nicht fertig, aber es war schon länger als *Gerald besucht Opa*. Alles las ich nicht noch mal, nur den neuen Teil. Was schon viel war.

Ich wusste nicht, woher sie die Zeit nahm, aber Caroline hatte neben dem Schreiben eindeutig auch meine Empfehlungen (okay, die Empfehlungen der Bibliothekarin) gelesen. Obwohl *Gerald im Zeitstrudelwehr des Zauberers* keine Kopie der anderen Bücher war, bestand eine entfernte Ähnlichkeit, wie meine Oma Sally sagen würde. Es war spannend, hatte ein paar lustige Stellen, und mein Bein zuckte nur ein paar Mal beim Lesen.

Nun machte ich mich endlich an das, wofür mir Caroline eigentlich anfangs die zehn Dollar angeboten hatte: Ich nahm den *Rotstift der Langweilige-Stellen-Suche* und strich damit alles an, was mir etwas zu langsam voranging. Es gab nicht viele langweilige Stellen, nur ein paar, und es wird dich freuen zu hören, dass es keine davon in das fertige Buch geschafft hat. Was bedeutet, dass, falls du es gelesen hast und einige Stellen langweilig fandest, wir unterschiedlicher Meinung darüber sind, was eine langweilige Stelle ausmacht.

Caroline hatte auch mit den Rückblenden von Gerald und Opa gute Arbeit geleistet. Sie hatte fast meine ganzen Nate-Sachen dafür verwendet, warum Opa meiner Meinung nach so eine glaubhafte Figur geworden ist.

Dann kam ich zu dem Teil des Buchs mit Geralds Aufgaben. In diesem Teil musste er einen Haufen gefährlicher Situationen meistern, bevor er zur Behausung des Zauberers vordringen und wirklich damit anfangen konnte, nach Opa zu suchen. Snarko und die Teufelin halfen ihm viel, aber am Schluss musste Gerald es alleine schaffen – er war schließlich der Held.

Leider hatte Caroline in diesem Abschnitt am Rand kleine Notizen für mich hinterlassen. Notizen wie »Ich brauche mehr Details dazu, wie es sich anfühlen würde, durch einen *Forst der Feuerfarne* zu rennen« und »Wie lange, meinst du, kann Gerald in dem *Gefrorenen Gletscherfluss* schwimmen?« und »Schauen wir mal, was deine tolle Fantasie aus Geralds Treffen mit dem *Panzerglas-Pixi* machen kann!«. Und falls das Letzte irgendwie weniger gefährlich als die anderen Abenteuer klingt, musst du wissen, dass der Pixi lauter scharfe Kanten und einen Hang zum Zuschlagen hatte – keine gute Kombination.

KAPITEL 60

Ich war mir sicher, dass die Sinneseindrücke meiner Bach-Erfahrung für den *Gefrorenen Gletscherfluss* ausreichen würden. Außerdem wurde es jetzt jeden Tag wärmer, weshalb ich so bald nicht noch mal in eisigem Wasser würde schwimmen können. Den *Forst der Feuerfarne* übersprangen wir komplett – nicht einmal Marta war scharf auf Verbrennungen.

Wir machten uns an die Aufgabe, von der ich dachte, dass sie die einfachste wäre: Geralds Reise durch das *Bergtal der Brutalen Butterblumen*. Falls du dich nicht an sie erinnern kannst, sie sehen aus wie Butterblumen, sind aber miese kleine Biester, die jeden in die Knöchel stechen, der versucht, ihr Tal zu durchqueren. Mit Speeren.

Marta lieh sich zur Simulation ein paar der Plastik-Cocktailspießchen ihrer Eltern aus. Sie hatten die Form kleiner Waffen mit richtigen Spitzen – perfekt für eine Brutale-Butterblumen-Attacke. Ihr Arm steckte erneut in einer Schlinge, da sie sich ihn bei dem Versuch, ihrer Mutter zu zeigen, wie gut er schon wieder funktionierte, noch mal verletzt hatte.

Sie legte sich in dem hohen Gras hinter Javiers Komposthaufen auf die Lauer und wartete dort mit einer Handvoll Speere auf mich. Ich sollte unwissend in das

Butterblumenfeld laufen und dann unaufhörlich gestochen werden.

Javier grinste vor Vorfreude, als er sich bereit machte, das Gemetzel zu filmen. Ich ging los, und Marta fing an, auf mich einzustechen, aber es war sofort klar, dass Javier von diesem harmlosen Gemetzel enttäuscht war.

»Du musst schon ein bisschen fester auf ihn einstechen«, sagte er nach unserem ersten Versuch zu Marta. »Er hat ja kaum eine Miene verzogen.«

»Er hat Socken an«, sagte Marta. »Er ist geschützt. Und er geht zu schnell. Geh langsamer, Alex, und lass mich richtig auf dich einstechen.«

»Gerald soll es den Butterblumen aber gar nicht leicht machen, ihn zu stechen«, sagte ich. Doch es stimmte, ich war ohne große Schmerzen an Marta vorbeigekommen. Sie hatte nicht einmal meine Haut berührt.

»Soll ich vielleicht meine Socken ausziehen?«, fragte ich. »Vielleicht hat Gerald ja Sandalen an.«

»Gerald hat *keine* Sandalen an«, sagte Javier. »Er ist der Held. Er muss würdevoll sein.«

»Dein Dad trägt Sandalen«, merkte ich an.

»Eben«, sagte Javier.

»Mein Dad trägt sogar Sandalen mit Wollsocken«, beichtete Marta leise.

Wir erschauderten alle drei.

»Das Problem ist, dass die Butterblumen Gerald von allen Seiten angreifen sollen«, sagte ich. »Er kann nicht einfach über sie hinweggehen.«

»Dann bleib eben stehen, dann kann ich dich ein bisschen öfter stechen«, sagte Marta.

»Das ist doch nicht realistisch«, sagte ich. »Niemand bleibt einfach stehen und lässt sich von einem Haufen Blumen, die man genauso gut zertreten könnte, die Füße zerstechen, wenn es eine andere Möglichkeit gibt.«

»Ich hab eine Idee«, sagte Javier.

Und er lief ins Haus, noch bevor Marta oder ich fragen konnten, was das für eine Idee war.

KAPITEL 61

Ein paar Augenblicke später kam Javier mit seinen kleinen Schwestern Irene und Emilia im Schlepptau zurück. Sie sahen nicht gerade erfreut aus.

»Es dauert nur ein paar Minuten«, sagte Javier zu den Mädchen. »Ihr müsst euch nur ins Gras legen – seht ihr, wie Marta? – und Alex mit kleinen Speeren stechen, wenn er vorbeigeht. Okay? Ihr tut Alex doch gerne weh, oder?«

Das taten sie. Irene war neun und Emilia fünf, und sie waren sich nicht oft einig. Aber sie waren sich definitiv einig, dass Alex-Wehtun ein tolles Spiel war. Beide waren damals dabei gewesen, als ich von dem Hüpfstock gefallen war, und ich kann mich nicht erinnern, sie jemals schallender lachen gehört zu haben. Irene war außerdem eine Schienbeintreterin und Emilia eine Beißerin. Ich hielt mich also normalerweise von ihnen fern.

Javier gab den beiden zwei Speere, für jede Hand einen, und positionierte sie gegenüber von Marta, etwa einen Meter auseinander. »Alle bereit?«, fragte er sie. Sie nickten. »Und Action!«

Dieses Mal tat es viel mehr weh. Zuerst stach Irene großzügig über Sockenhöhe zu. Sie hatte es offensichtlich auf meine verletzlichen Schienbeine abgesehen. Als Zweites schnappte sich Emilia im Vorbeigehen meinen

Knöchel, und als ich hinfiel, stach sie mir in den Rücken. Dann, bevor ich eine Chance hatte, aufzustehen, waren Irene und Marta ebenfalls auf mir und stachen ungefähr überall hin außer in mein Gesicht, das ich mit meinen Händen schützte.

Alle drei Mädchen kreischten wie verrückt, und ich schrie, sie sollten aufhören, als Javier »Cut!« rief.

Irene und Emilia verstanden das falsch und fingen an, mich mit ihren Speeren zu zersägen, bis Javier sie von mir wegzog. Das dauerte länger, als es sollte, weil er so sehr lachte.

Ich dachte, dass Javier mit seinen Schwestern schimpfen würde, weil sie es übertrieben hatten, und dass er eine Wiederholung der Szene wollte, aber er sagte: »Gute Arbeit, Leute. Ich glaube, wir haben, was wir brauchen.«

»Was *ich* brauche, sind, glaub ich, hundert Pflaster«, sagte ich. »Was sollte das überhaupt?«

»Du blutest nicht mal«, sagte Marta.

»Können wir das noch mal machen?«, fragte Irene. »Wir können härter zustechen.«

Emilia nickte eifrig. »Viel härter.«

So kam es, dass sich Gerald in einer Rankenschlinge verfing und in das *Bergtal der Brutalen Butterblumen* fiel und neben all den knöchelhohen Stichwunden fast ein Auge verlor. Caroline, die so blutrünstig wie Javiers Schwestern zu werden schien, war begeistert von dieser Szene, nachdem sie meine Details eingefügt hatte.

»Diese zarten kleinen Blümchen, die auf Gerald so richtig verrücktspielen – das hat einfach was«, sagte sie zu mir, als sie damit fertig war.

»Und wie«, sagte ich.

KAPITEL 62

»Dem Geist ist langweilig«, verkündete Marta ein paar Tage später beim Mittagessen.

Ich hatte gerade meine Geschichte vom Ausflug zum Arzt fertig erzählt. Das war nämlich das Ende vom Lied gewesen, als meine Mutter die ganzen roten Stichmale auf meinen Armen und Beinen gesehen und angenommen hatte, ich hätte mich in giftigem Efeu gewälzt. Der Arzt konnte nur rätseln, aber vorsorglich wurde ich mit irgendeiner Salbe eingeschmiert.

»Wovon redest du?«, sagte Javier zu Marta. »Was für ein Geist?«

»Wie meinst du das, was für ein Geist?«, sagte Marta. »Ich kenne nur einen Geist. Den Geist aus der Alten Weintraub-Villa.«

»Sag nicht, dass du die jetzt auch schon so nennst«, sagte Javier. »Das ist nur irgendjemandes Villa. Sie hat keinen Namen mit Großbuchstaben.«

»Woher willst du wissen, dass ich Großbuchstaben verwendet habe?«

»Das kann ich hören.«

»Nein, kannst du nicht. Egal, jeder nennt sie so.«

Javier verdrehte die Augen und stöhnte in seinen olivenfreien griechischen Salat.

»Woher weißt du, dass dem Geist langweilig ist?«, fragte ich Marta.

»Ach, ich schaue ein paarmal in der Woche dort vorbei«, sagte sie und steckte sich eine von Javiers aussortierten Oliven in den Mund.

»Was? Das kannst du doch nicht machen! Du hast ja nicht mal einen Schlüssel. Oder?«, fragte ich. Mir wurde bewusst, dass ich nicht wirklich gut auf den Weintraub-Schlüssel aufgepasst hatte.

»Nein«, sagte sie. »Aber das Schloss an der Hintertür funktioniert nicht richtig. Man muss ein bisschen nachhelfen. Etwas drücken.«

Dazu fiel mir nichts anderes ein als »Warum?«.

»Ich sehe es als Geister-Sitten«, sagte Marta. »Du weißt schon, wie Haustier-Sitten.«

»Nur dass Geister nicht gesittet werden müssen«, sagte ich. »Geister sind ziemlich eigenständig.«

»Ich könnte mir vorstellen, dass er vielleicht gern ein bisschen Gesellschaft hat«, sagte Marta. »Außerdem hab ich einmal meine Spanischhausaufgaben dort gelassen, um zu sehen, ob er anbeißt.«

»Und, hat er?«, fragte Javier, die Gabel auf halbem Weg zu seinem Mund.

»Nö. Vielleicht kann er kein Spanisch. Aber gestern hat er mir eine Nachricht hinterlassen.«

Javier legte seine Gabel weg. Vielleicht hatte er Angst, dass, was auch immer als Nächstes kommen würde, ihn zum Ersticken bringen könnte.

Wodurch es meine Aufgabe war zu fragen: »Was stand in der Nachricht?«

»Das würdet ihr gerne wissen, oder?«

»Ja, würden wir gerne«, sagte ich, obwohl Javier nicht so aussah, als wäre er neugierig, sondern eher, als wäre ihm schlecht.

Marta lehnte sich in ihrem Stuhl zurück und sah Javier und mich mit hochgezogenen Augenbrauen an. Sie kostete den Moment voll aus, und wir ließen ihr die Freude.

»In der Nachricht stand: ›Wie geht es mit dem Buch voran?‹«

KAPITEL 63

»Der Geist macht sich Gedanken darüber, wie es mit dem Buch vorangeht?«, fragte ich.

»Jep«, sagte Marta. »Vielleicht hat er alle Bücher im Keller durch und braucht was Neues zum Lesen.«

»Hast du ihm geantwortet?«, fragte Javier.

»Wie hätte ich das denn machen sollen?«, fragte Marta. »Mich in die Küche stellen und schreien: ›Es geht gut voran, danke schön‹?«

»Du hättest eine Nachricht hinterlassen können.«

»Ich will ihm das ganze Buch dalassen«, sagte Marta.

»Dann tu das«, sagte ich.

»Mein Dad lässt mich so viele Seiten nur für die Schule ausdrucken«, sagte Marta. »Kann ich deinen Ausdruck haben, Alex? Ich werd ihn ein paar Tage dort liegen lassen – wie ein Bibliotheksbuch, du weißt schon – und ihn dann wieder holen.«

Ich willigte ein, Marta meinen Ausdruck des Buches zu leihen, unter der Bedingung, dass ich mit ihr zu der Alten Weintraub-Villa gehen durfte. Mir gefiel es nicht, dass sie dort so ganz alleine herumhing. Und nur damit das klar ist – nicht, weil ich Angst hatte, dass *ihr* irgendetwas passieren könnte. Ich hatte ihren Plan, den »Geist zu erschrecken« nicht vergessen. Konnte ein Geist ein zweites Mal an einem Herzanfall sterben, wenn ein verrücktes Mädchen mit einer Fernseherantenne hinter ihm her war? Wäre er dann ein Doppelgeist? Ein Quadratgeist? Darum wollte ich mir keine Sorgen machen müssen.

Allerdings erkannte der vernünftigere Teil meines Gehirns, dass es viel schlimmer war, wenn eine Fantasygeschichten lesende Haushaltshilfe wegen uns einen Herzanfall bekam, als einen Geist zu seinem zweiten Tode zu erschrecken.

Marta und ich trafen uns also diesen Nachmittag bei der Alten Weintraub-Villa, während Javier im Filmclub war.

Zuerst musste sie mit ihrer blöden Antenne ihre Runden durch das Haus drehen, oben und unten, um »nach Schwingungen zu suchen«. Als ihre Antenne ausschlug, war sie sich sicher, dass sie etwas in dem Wäscheschrank oben empfangen hatte, aber ich bin mir genauso sicher, dass sich dieses Ding nur in einer der großen, klebrigen Spinnweben verfangen hat und sie »den Detektor« einfach wieder herausziehen musste.

Marta bestand darauf, am Ende des Buches eine Notiz zu hinterlassen, bevor wir es auf dem Küchentisch liegen ließen.

Sie lautete: »Wie gefällt es dir bisher? Braucht es mehr Action? Liebe Grüße, Marta.«

KAPITEL 64

Wie sich herausstellte, brauchte das Buch tatsächlich mehr Action. Das erfuhren wir, als wir zwei Tage später wiederkamen.

> Erde, Feuer und Wasser kommen bisher in euren Aufgaben vor

besagte die Nachricht in der uns schon bekannten Handschrift des Geistes.

> Jetzt fehlt nur noch Luft. Gerald könnte ja mit einem Flugzaubertrank über den *Schlüpfsand* hinwegfliegen und dann mitten in der Luft von *Torpedo-Tauben* attackiert werden.

Gute Idee, was? Obwohl, kleine Notiz am Rande, wenn ich gewusst hätte, dass wir über den *Schlüpfsand* würden fliegen können, hätte ich in Alvins verlassenem Sandkasten nicht aus Versehen getrocknete Katzenkacke berührt, als wir dort gestern Nachmittag etwas filmten. Die *Torpedo-Tauben*-Idee bedeutete natürlich, dass ein paar neue Sinneseindrücke benötigt wurden, zum Durch-die-Luft-Sausen und Im-Sturzflug-von-Vögeln-beschossen-Werden.

Diesen Stunt wollte unbedingt Marta übernehmen. Es war auch ihre Idee, Irenes und Emilias zwei Schaukeln so weit es ging nach oben aufzurollen und sie dann als Hängegurtvorrichtung zu benutzen. Sie plante, quer über den Schaukeln zu liegen und dort oben irgendwie mit Schwimmbewegungen herumzustrampeln, während ich zur Simulation des Windwiderstandes einen Laubbläser auf ihr Gesicht richten und die Mädchen zur Simulation des Taubenangriffs Stofftiere auf sie werfen sollten.

Gut für mich. Aber am Samstagmorgen, dem Morgen des Stunts, tauchte Marta mit eingegipstem Arm auf.

»Sorry«, sagte sie und hielt ihn höher, als sie wahrscheinlich sollte. »Die Ärztin sagt, der Ellbogen wird nie verheilen, wenn sie ihn nicht bewegungsunfähig macht. Sie sagt, entweder so, oder sie steckt mich mit einem Streckverband ins Krankenhaus. Soll sie ruhig versuchen«, fügte sie drohend hinzu. »Den Laubbläser kann ich aber mit einer Hand halten.«

Was bedeutete, dass ich derjenige war, der auf den Schaukeln liegen musste. Na toll. Das Ganze war viel ungemütlicher, als ich es mir vorgestellt hatte, als ich noch dachte, dass Marta den Stunt machen würde. Sagen wir mal so, es scheuerte ziemlich, und am Schluss wünschte ich mir, ich hätte eine bequemere Hose angezogen.

Das nächste Problem begann, als Javier mit seinen zwei Schwestern und einem Wäschekorb voller Stofftiere aus dem Haus kam.

»Sie sind gut darin, Sachen auf dich zu werfen«, sagte

er zu mir, »aber sie haben Angst, dass die Stofftiere dreckig werden. Also wird Emilia sie werfen, und Irene wird sie fangen, wenn sie von dir abprallen.«

Das lief genauso schlecht ab wie erwartet. Emilia traf mich nicht einmal mit einem einzigen Hasen, und Irene fing keinen der ersten sechs, die Emilia warf. Dann wurde der Schwanz von Puschel (oder sonst wem) ein klein bisschen dreckig, und der Teufel war los.

»Werft weiter«, schrie Javier seine Schwestern an und schwenkte die Kamera um die Schaukeln herum, während ich dort hing, mit meinen Haaren im stinkenden Wind des Laubbläsers und meinen halb tauben Beinen. Mit den Schwimmbewegungen der Arme hatte ich schon lange aufgehört – das war einfach zu anstrengend. Deswegen ließ ich sie einfach runterhängen.

Irgendwann wollten die Mädchen keines ihrer wertvollen Stofftiere mehr opfern, weshalb sie stattdessen händeweise feuchtes Laub von einem Blumenbeet aufhoben und anfingen, mich damit zu bewerfen. Fast alle ihre Blätterklumpen fielen auf halbem Weg in der Luft auseinander und verfehlten mich, bis auf den einen, der einen Stein in der Mitte hatte – der traf mich genau an der Schulter. Dann warf Irene einen alten Tennisball, den zweifellos ein Hund vollgesabbert hatte, und der traf mich im Nacken.

Währenddessen blies mir der Laubbläser die ganzen losen Blätter ins Gesicht, und ein Stückchen von einem Blatt landete in meinem Auge.

Diesmal war ich es, der »Cut« rief.

KAPITEL 65

»Was schaust du dir da an?«, fragte Alvin, als er an diesem Abend lautlos hinter mich trat. »Mit deinem einen Auge, meine ich.«

Ich hatte den Nachmittag in der Notaufnahme verbracht, weil mein Auge untersucht werden musste. Das Blattstückchen war tiefer ins Auge gelangt und musste mit einer speziellen Augapfel-Pinzette entfernt werden. Es war eklig, und ich war froh, dass ich währenddessen nichts davon sehen konnte.

Der Arzt mit der Pinzette lenkte mich ab, indem er nach Alvin fragte. »Ich habe ihn schon länger nicht mehr hier gesehen«, sagte er. »Seit er seine eigenen Kontaktlinsen hergestellt hat, nicht mehr.«

»Er behauptet immer noch, dass er damit besser gesehen hat.«

»Sie waren aus Frischhaltefolie, ich weiß also nicht, wie das möglich sein sollte.«

Mit der Augenklappe und den schorfigen Überbleibseln der Speerstiche am Körper hätte ich auch gleich ein T-Shirt anziehen können, auf dem stand ICH BIN GESCHWÄCHT: BITTE VERPRÜGELT MICH. Mir graute es vor der Schule am Montag.

Ich schaute mir gerade Javiers Aufnahmen mit den

Simulationen von diesem Filmtag auf meinem Laptop an und schaffte es nicht mehr rechtzeitig, ihn zuzuklappen, als Alvin hinter mir auftauchte.

Obwohl ich mich auf den Schaukeln so abgemüht hatte, hatte ich immer noch keine Ahnung, wie sich Fliegen anfühlte – nur, wie es sich anfühlte, ungemütlich herumzuhängen. Ein paar dieser Sinneseindrücke benutzten wir schließlich am Ende des Buches, wenn Gerald in den Turm des Zauberers einbricht, indem er sich von einem Loch im Dach abseilt und dort herumbaumelt. Das mit den wund gescheuerten Beinen gefiel Caroline besonders gut.

»Bist du das?«, fragte Alvin, der über meine Schulter schaute und mir seinen Atem in den Nacken blies. »Was machst du da auf diesen Schaukeln? Hast du dir so am Auge wehgetan? Du hast Mum gesagt, du hättest Laub gerecht.«

Das Letzte, was ich brauchte, war, dass Alvin Mum erzählte, was wirklich mit meinem Auge passiert war. Das würde zu vielen Fragen über meine Aktivitäten und mein Urteilsvermögen führen, mit denen ich gerade nicht belästigt werden wollte.

Ich entschied mich dafür, an den Wissenschaftler in Alvin zu appellieren.

»Das war so eine Art Experiment«, sagte ich. »Um herauszufinden, wie sich Fliegen anfühlt.«

Alvin nickte. »Ein dritter Gurt wäre effektiver gewesen«, sagte er. »Der hätte dein Gewicht ausgeglichen. Es wäre auch hilfreich gewesen, wenn du dich nicht von

Javiers Schwestern mit Dreckklumpen hättest bewerfen lassen.«

»Nächstes Mal werd ich dran denken«, sagte ich.

»Wofür war das Experiment?«, fragte Alvin.

»Nur, äh, aus Neugierde«, sagte ich.

Alvin bedachte mich mit seinem ungläubigen Blick, die Augen weit aufgerissen. Was ungeheuer effektiv ist, vor allem hinter dieser kleinen Brille. Er gab nicht auf – blinzelte nicht einmal –, bis er die Wahrheit aus einem herausbekam. Meine eigenen Augen (mit und ohne Verband) tränten bei diesem Spielchen beinahe sofort, und ich gab nach.

»Okay«, sagte ich, »aber nicht Mum und Dad verraten. Oder Caroline oder Lulu. Und auch sonst niemandem.«

Alvin schaltete seine Scheinwerferaugen aus und wartete darauf, dass die Wahrheit ans Licht kam.

KAPITEL 66

Als ich Caroline die Torpedo-Tauben-Idee schickte und erklärte, dass sie Luft brauchte, um Erde, Wasser und Feuer auszugleichen, schickte sie mir eine E-Mail voller Ausrufezeichen zurück, nachdem sie schrieb, was ich für ein Genie wäre.

Das war besorgniserregend, weil sie irgendwann herausfinden würde, dass ich kein Genie war und keine Ahnung hatte, warum Luft – im Ernst, Luft? – die anderen drei Elemente ausglich. (Ich habe vor Kurzem versucht, es nachzuschauen, aber die Artikel wurden schnell seltsam und wischiwaschi, also habe ich aufgegeben. Deshalb werde ich gar nicht erst versuchen, es hier zu erklären.)

Einen Einwand hatte Caroline allerdings. Sie sagte, dass Tauben »Symbole des Friedens« wären, und sie wollte nicht, dass sie Gerald angriffen. Deshalb kannst du dich auch an kein Hindernis mit Tauben in *Gerald im Zeitstrudelwehr des Zauberers* erinnern. Die *Torpedo-Tauben* wurden zu *Killer-Kohlmeisen*, an die du dich vielleicht schon eher erinnerst. Meinen Scherz-Vorschlag, die *Kacka-Kohlmeisen*, lehnte sie ab. Und jetzt, wo ich darüber nachdenke, bin ich sehr froh, dass ich nie ausprobieren musste, wie es sich anfühlt, von einer Schaukel zu hängen und mit Vogelkacke bespritzt zu werden.

Mit dem Buch ging es also gut voran, meine Stich- und Schürfwunden sowie mein verletztes Auge verheilten, und der Sommer tauchte am Horizont auf – alles sah vielversprechend aus. Bis auf ein kleines Detail. Und das hieß Alvin.

Jetzt, wo er ein umfassendes Geständnis zu meinen Stunts für Carolines Buch aus mir herausbekommen hatte, wollte er auch mitmachen. Er fragte mich immer wieder, was der nächste Stunt sein würde und wie er »helfen« konnte.

Ich war gezwungen, durch den Keller aus dem Haus zu schleichen, um Geralds Kampf mit dem *Höhlen-Harlekin* zu filmen, die letzte seiner offiziellen Aufgaben. Und die wurde ziemlich blöd. Hauptsächlich kombinierte Marta ihre Version eines Harlekinsprungs mit ihrer Version von Karatetritten. Einer davon endete gefährlich nahe an meiner Leistengegend. Ich muss wohl nicht erwähnen, dass es dieses besondere Detail niemals in Carolines Buch schaffte. Gerald hatte schon genug durchgemacht.

Stattdessen führten unsere Dreharbeiten nur zu einem weiteren Video, mit dem Javier mich den Rest meines Lebens lang erpressen konnte, wenn er wollte. Ich konnte nur hoffen, dass er reich wurde und das nicht tat.

Damit waren die Hürden geschafft. Gerald fand den Zeitstrudel, und mit der Hilfe von Snarko und der Teufelin schmiedete er Pläne, um in das Wehr zu gelangen und Opa zu retten.

Es gab nur noch ein großes Hindernis vor der Rettung,

ein sehr offensichtliches, wenn du kein Lesemuffel bist und dich mit Fantasygeschichten auskennst. Sogar ich, obwohl ich nur ein Fantasybuch gelesen und drei weitere angehört hatte, wusste, was als Nächstes kommen musste.

Eine Schlacht. Eine große, finale Schlacht.

Ich fing an, mit den leichten Kurzhanteln meiner Mum zu trainieren, und machte sogar ab und zu einen Liegestütz, um mich vorzubereiten. Doch für die neueste Version des Buches, die in meinem Posteingang ankam, war ich trotzdem komplett unvorbereitet.

Die Überschrift des letzten Kapitels war »Schlachtrufe« gewesen und der letzte ominöse Satz »Noch während die Freunde miteinander sprachen, rotteten sich die Koboldlegionen in Massen auf den *Weglosen Weiten* zusammen«. Das war ziemlich gut. Aber das nächste Kapitel, das neue, das in einer logischen Welt »Die Schlacht der *Weglosen Weiten*« heißen würde, hieß stattdessen »Der Frieden der *Weglosen Weiten*.«

Was? Jetzt war doch keine Zeit für Frieden! Wo war die Schlacht?

KAPITEL 67

Caroline hatte sich gedrückt. Anstatt in eine epische Schlacht zu ziehen, verirrte sich die Koboldarmee in *Nachtschwarzem Nebel*, stolperte durch die *Statischen Sümpfe* und kam traurig und kein bisschen ruhmreich in den *Weglosen Weiten* an. Es war erbärmlich. Die Kobolde waren so niedergeschlagen, dass sie sich Gerald sofort ergaben und jeder seiner Wege ging. Sie hätten sich zum Schluss genauso gut umarmen und zusammen Lagerfeuerlieder singen können.

Die Koboldarmee war aber bei Weitem nicht so niedergeschlagen wie ich. Mein Krafttraining war völlig umsonst gewesen.

Javier und Marta konnten es nicht glauben, was ich ihnen in meiner wütenden Nachricht schrieb. Beide hatten sich so sehr wie ich auf das Ende gefreut.

Sie kann doch nicht einfach die Schlacht weglassen, schrieb Marta.

Die ist sie uns schuldig!, fügte Javier hinzu.

Die ist sie auch der Leserschaft schuldig, warf ich ein, obwohl mir die Leserschaft egal war. Sie würde darüber hinwegkommen. Ich nicht.

Das neue Kapitel war so langweilig wie die ursprüngliche Zucchini-Geschichte. Auch wenn es danach noch so phänomenal weiterginge, das bleierne Gewicht des

»Friedens der *Weglosen Weiten*« würde den Rest des Buches runterziehen. Die Leserschaft würde tief und fest schlafen, bis es überhaupt zu der dramatischen Rettungsaktion kam. Mich hatte nur meine Hoffnung auf wenigstens ein oder zwei Faustkämpfe durch dieses Kapitel gebracht.

Das kann doch jetzt echt nicht wahr sein, schrieb Marta.

Das werden wir nicht zulassen, schrieb Javier.

Ihr wisst, was wir als Nächstes tun müssen!, fuhr Marta fort.

Die beiden klangen so mutig und aufgeregt, ich fühlte mich, als würden wir drei jetzt selbst in die Schlacht ziehen. Ich war voller Energie, bereit zu handeln, bereit, das hier richtigzustellen.

Ich werde ihr eine E-Mail schreiben und ihr sagen, dass es einfach eine Schlacht geben muss!, schrieb ich triumphierend.

Ich wurde mit sechs verschiedenen Schwachkopf-Emojis bombardiert – alle von Javier.

Marta schickte bloß ein einfaches Emoji, das sich mit der Hand vor das Gesicht schlägt.

Wir filmen die Schlacht trotzdem, schrieb Javier. Und wir zeigen ihr, wie fantastisch sie wird. Dann muss sie sie in die Geschichte einbauen.

SO MACHT MAN DAS!, schrieb Marta in Großbuchstaben.

KAPITEL 68

Unser Plan war, das Friedens-Kapitel einfach zu ignorieren und mit den Informationen zu arbeiten, die uns Caroline bis zu ihrem epischen Rückzieher geliefert hatte.

Uns war direkt klar, dass die Schlacht der *Weglosen Weiten* nichts war, was wir einfach so in Javiers Garten mit Irene und Emilia als Koboldarmee nachstellen konnten, obwohl sie feindselig genug waren. Wir hatten es nicht mit einer kleinen Koboldbande zu tun – sondern mit Legionen von Kobolden. Das hatte Caroline in dem »Schlachtrufe«-Kapitel geschrieben.

Ich hatte »Legionen« im Wörterbuch nachgeschaut, und es bedeutete eine gigantisch große Zahl. Außerdem hatten die Kobolde Rauch ausstoßende Echsen-Dinger, auf denen sie ritten, und andere ähnlich seltsame Kreaturen, die an ihrer Seite standen. Und sie rotteten sich zusammen, was kein Begriff war, den man benutzen würde, um das Buchclubtreffen meiner Mum zu beschreiben, das in unserem Wohnzimmer stattfand. Sich zusammenrotten war eine ernste Angelegenheit, und nur Legionen konnten so etwas.

Gerald hatte in der Zwischenzeit auch eine eigene Armee auf die Beine gestellt, obwohl er keine Legionen von *Wichtelmännchen*, *Nachtwandlern* oder *Sumpfgeschöpfen* auftreiben konnte – nur ungefähr ein paar Hundert (plus die Teufelin). Er musste in der Unterzahl sein, das machte die finale Schlacht doch erst heroisch, oder?

»Es gibt keine Möglichkeit, wie wir eine epische Schlacht live filmen können«, sagte Javier beim Mittagessen. »Nicht mal, wenn wir die ganze Schule samt Lehrerinnen und Lehrern dazu bringen könnten, uns zu helfen, hätten wir genug Leute.«

Er brauchte gar nicht erst hinzuzufügen, dass uns die ganze Schule niemals helfen würde.

»Kannst du die Szenen nicht mit Computeranimation nachstellen?«, fragte Marta.

»Wir drehen hier doch keinen Hollywood-Blockbuster«, sagte Javier. »Wir wollen nur herausfinden, wie die Schlacht wirklich ablaufen *könnte*.«

»Ich schätze mal, sie wäre wirklich heftig«, sagte Marta. »Oder nicht?« Sie sah Javier und mich fragend an, falls einer von uns anderer Meinung sein sollte.

Was wir nicht waren, denn sie hatte recht. Sie wäre bestimmt heftig. Der ganze Sinn von Schlachten ist schließlich, viele Menschen zu verletzen. Was bedeutete, dass es trotz meines intensiven Trainings sehr unwahrscheinlich war, ohne bleibende Verletzungen auch nur durch eine sehr abgeschwächte Version der Schlacht der *Weglosen Weiten* zu kommen.

»Wenn wir sie also nicht mit echten Menschen filmen können«, sagte Javier, »müssen wir etwas anderes ausprobieren. Aber zuerst müssen wir uns überlegen, wie es überhaupt zu der Schlacht kommt. Weiß einer von euch irgendwas über Schlachten?«

Er wusste, dass wir nichts darüber wussten.

»Es ist offensichtlich, was wir tun müssen«, sagte Marta, nachdem wir eine Weile dagesessen, unsere Truthahn-Sandwiches ausgepackt und uns wie immer gewünscht hatten, dass es Pommes statt Melonenstückchen als Beilage dazu gegeben hätte. »Wir müssen den Ghostwriter fragen.«

»Woher sollte der Ghostwriter irgendetwas über Schlachten wissen?«, fragte ich Marta. Ich drehte mich nach Unterstützung suchend zu Javier. »Oder? Der Ghostwriter ist ein Leser und kein Krieger.«

Javier hatte in sein Sandwich gebissen, und sein Gesicht lief ganz rot an. Ich dachte schon, er hätte aus Versehen ein Tomatenstückchen bei seiner Essensinspektion übersehen, aber dann schluckte er und sagte mit kratziger Stimme: »Woher soll ich das wissen?«

»Eben, der Ghostwriter *ist* ein Leser«, sagte Marta. »Darum geht es doch. Er hat wahrscheinlich von Tausenden von Schlachten gelesen. Und wäre es nicht nett, den Geist in einer so wichtigen Szene mitmachen zu lassen? Wir wollen doch nicht, dass er sich ausgeschlossen fühlt.«

KAPITEL 69

Wir ließen also den Papierstapel an dem gewohnten Platz auf dem Weintraub-Küchentisch liegen, ohne das Versager-Kapitel, dafür aber mit dem gewohnten Post-it, auf dem wir um Hilfe bei der Beschreibung einer epischen Schlacht baten. Dann warteten wir. Wir entschieden, dem Geist ein paar Tage Zeit zu lassen, da er eine Menge neues Zeug zu lesen hatte.

Alvin hatte immer noch nicht aufgehört zu fragen, ob er bei dem Buch »mithelfen« konnte. Er war inzwischen so lästig geworden, dass ich angefangen hatte, nach Internaten für ihn zu suchen.

»Hast du denn gar nichts zum Lesen?«, fragte ich ihn eines Tages, als er mir auf einmal seinen heißen Käse-Nacho-Atem in den Nacken blies.

»Ich hab gerade erst ein Buch ausgelesen«, sagte er.

Er fing an, in meinem Zimmer herumzuwandern, nahm Sachen in die Hand und ließ sie woanders liegen und wollte anscheinend wohl generell gerne am Hals gepackt und wie ein Sockenaffe in den Flur hinausgeworfen werden.

»Kann ich dir beim Suchen helfen?«, fragte ich so sarkastisch ich nur konnte.

»Nein, danke«, sagte er. »Brauchst du nicht.«

»Dann hör endlich auf, meine Sachen anzufassen, und geh raus«, sagte ich. »Ich bin beschäftigt.«

»Bist du nicht«, sagte er. »Du schaust dir ein Video von irgendeinem Jungen an, der eine Orange auf seiner Stirn balanciert.«

»Das ist Hausaufgabe.«

»Ein Video anzuschauen, in dem jemand versucht, Obst auf seinem Gesicht zu balancieren, wird niemals Hausaufgabe sein. Außer es ist eine Abnormale-Psychologie-Hausaufgabe. Ist es das?«

»Ja«, sagte ich, »das ist es. Ich habe Abnormale Psychologie. Es ist eine Voraussetzung dafür, mit dir leben zu können.«

Ich fand, dass das ziemlich schlagfertig war, aber Alvin schnaubte nur. Dann sagte er etwas Komisches. Eine komische Vorhersage, die schon bald tatsächlich wahr wurde, was es noch viel komischer machte, wenn ich jetzt darauf zurückblicke.

»Ich werde da sein, wenn du mich brauchst«, sagte er. »Was bald der Fall sein wird. Aber der Preis dafür wird höher ausfallen, als du denkst.«

KAPITEL 70

Drei Tage nachdem wir die Seiten dort gelassen hatten, kehrten wir zur Alten Weintraub-Villa zurück. Wir dachten uns, dass der Geist genug Zeit gehabt hatte, sich eine detaillierte Schlacht für uns auszudenken und vielleicht ein paar seltsame Waffen aus Hölzern zu entwerfen, die mit langen Kletterpflanzen zusammengebunden waren.

Ich blätterte direkt zur letzten Seite, während Javier und Marta aufgeregt neben mir standen. Ich konnte auf den ersten Blick erkennen, dass da auf der fast leeren Seite nicht genug geschrieben stand, um eine epische Schlacht zu beschreiben. Das hätte nicht mal für einen kleinen Streit gereicht.

Stattdessen wurde uns ein Vortrag gehalten.

> In Kinderbüchern sollten keine detaillierten Schlachtszenen vorkommen. Solche Schlachten sollten genauso wenig in zivilisierten Gesellschaften vorkommen, wenn wir schon dabei sind. Schaut euch die Schlacht lieber nur aus der Vogelperspektive an, von oben. Schlachten sind so schon schlimm genug, man muss sie nicht noch unter die Nase gerieben bekommen.

Der Ghostwriter musste Carolines Schwingungen empfangen haben. Von dem Friedenskapitel wäre er begeistert gewesen. Er hätte wahrscheinlich den Text für ein kitschiges Lied beigesteuert, das die Feinde sangen, während sie sich an den Händen / Klauen hielten.

»Na ja, das ist keine große Hilfe«, sagte Marta, nachdem sie mir die Seite weggenommen und sichergestellt hatte, dass ich mich nicht irgendwie verlesen hatte.

»*Jetzt* wird der Geist auf einmal zimperlich?«, fragte ich. »Und nicht *vorher*, als ich mit Dreckklumpen bombardiert wurde und am Schluss wie ein Pirat ausgesehen habe?«

»Und dann nicht mal wie ein cooler Pirat«, sagte Marta.

»Wenn die Augenklappe schwarz gewesen wäre, hätte ich vielleicht cooler ausgesehen.«

»Glaub ich nicht«, sagte Marta. »Aber hey, vielleicht ist der Geist ja in einer Schlacht gestorben und mag sie deswegen nicht. Das ist doch total logisch!«

War es vielleicht, aber das half uns jetzt auch nicht weiter.

Javier las die Nachricht von dem Geist immer wieder durch, als enthielte sie einen wichtigen Hinweis, von dem seine Zukunft abhing. Schließlich seufzte er und sagte: »Vielleicht liegt der Geist gar nicht so falsch. Und Caroline hat recht. Kinderbücher sollten nicht brutal sein, oder?«

»Dafür gibt es Videospiele«, sagte ich.

»Wir brauchen kein Blut, das überall herumspritzt, und abgehackte Gliedmaßen und herumrollende Köpfe«, sagte Marta. Ich war mir nicht ganz sicher, welche Videospiele sie gespielt hatte, aber ich war mir sicher, dass ihre Mutter nichts von ihnen wusste. »Wir müssen uns nur überlegen, wo die verschiedenen Gruppen positioniert sind«, sagte sie, »und wie ihre Angriffspläne aussehen.«

»Genau«, sagte Javier. »Wir brauchen mehr Strategie.«

»Ist das nicht genau der Sinn einer Vogelperspektive?«, fragte ich.

»Aus der Vogelperspektive sieht alles viel kleiner aus«, sagte Javier. »Oder? Wir müssen also klein denken.«

»Mist«, sagte ich, als wir für eine Weile klein gedacht hatten.

»Was?«, fragte Marta.

»Alvin«, sagte ich.

»Was ist mit Alvin?«

»Er hatte recht«, sagte ich. »Ich hasse es, wenn Alvin recht hat.«

KAPITEL 71

Wahrscheinlich erinnerst du dich nicht mehr daran, dass ich in einem früheren Kapitel mal erwähnt habe, dass Javier manchmal Stop-Motion-Filme mit Alvins Legofiguren drehte. Er benutzte Alvins Figuren aus zwei Gründen. Erstens, weil Irene und Emilia nicht mit Lego spielten und Javiers Mutter alle seine alten Legofiguren weggegeben hatte. Und zweitens, weil Alvin nicht nur meine alten Legos geerbt, sondern es außerdem geschafft hatte, eine riesige Anzahl seiner eigenen anzusammeln. Lego-Legionen, sozusagen. Wann immer wir also Figuren für einen Film brauchten, mussten wir Alvin fragen.

Und der Preis war immer hoch.

Und kreativ. Einmal musste ich Alvin eine Woche lang jeden Tag in einem Bollerwagen zur Schule und wieder nach Hause ziehen. Das war nicht nur peinlich, sondern Alvin und der Wagen waren auch zu schwer für mich, um laufen oder nur schnell gehen zu können. Dann war da dieser eine heiße Tag, an dem ich ihm überallhin folgen und seine menschliche Klimaanlage spielen musste. Und nein, ich trug keinen elektrischen Ventilator hinter ihm her, sondern musste ihm mit einem Papierfächer Luft zufächeln, auf den er geschrieben hatte: »Alex lebt, um Alvin zu dienen.« Und dann musste ich einmal das Versuchskaninchen spielen und einen seiner selbst gebrauten Energydrinks trinken. Das war definitiv das Schlimmste. Sagen wir mal so: Ich hatte kaum noch genug »Energie«, um mich einige Stunden danach am Rand der Toilette festzuhalten.

Da es erst zwei Kapitel her ist, erinnerst du dich vermutlich an das, was Alvin mir gesagt hatte: dass ich ihn bald brauchen würde und dass der Preis höher sein würde, als ich dachte. *Ich* zumindest erinnere mich gut daran.

Als wir nun zu dritt zu mir nach Hause und zu Alvin gingen, der auf seinem Legohaufen thronte, konnte ich nur daran denken, was er wohl von mir verlangen würde, wenn wir uns die meisten seiner Legofiguren und auch einen Großteil der Playmobilfiguren ausleihen wollten. Ich hoffte, dass Marta vielleicht übernehmen würde, was auch immer es war. Ihr Arm war aus dem Gips befreit und für mehr Action bereit, und sie selbst sowieso.

»Hey, Marta«, fing ich an, als wir bei den Eingangsstufen zu unserem Haus angekommen waren. »Da du ja gar keine Stuntaufgaben übernehmen konntest …«

»Nee«, sagte sie. »Keine Chance. Egal, was deine Tante für Gerald erfindet, ich mach's. Aber dein Bruder – vergiss es. Zu riskant.«

KAPITEL 72

Zu dritt machten wir uns also auf den Weg nach oben zu Alvins Zimmer. Wie Gerald und Snarko und die Teufelin, die die *Steinernen Stufen des Moosigen Mönchsklosters* erklimmen, bereit, ein teures Opfer darzubringen, um von den Mönchen im Austausch dafür ein *Pergament der Pflicht* zu erhalten. (Das stammt aus dem Ende von Buch 2, falls du noch nicht so weit gekommen bist.)

Alvin lag wie immer auf seinem Bett, mit einem riesigen Buch auf seinem Bauch. Ich fragte mich, wie er unter dieser Last überhaupt atmen konnte.

»Ja?«, sagte er, ohne von der Buchseite aufzublicken.

Ich stieß einen Seufzer aus, der sich seit dem Zeitpunkt, an dem wir wussten, was wir brauchten und von wem, in mir aufgebaut hatte. Ich wollte nicht mit etwas Höflichem wie »Kannst du uns einen Gefallen tun?« anfangen, denn so würde es nach einer großen Sache klingen, und ich würde mein Leben lang die Windeln seiner zukünftigen Kinder wechseln müssen. Also entschied ich mich für eine unauffällige Keine-große-Sache-Einstellung. Und kann ich alle einmal kurz daran erinnern, dass es *wirklich* keine große Sache war? Wir wollten uns ein paar Plastikspielzeugfiguren ausleihen – von denen ein Großteil einmal mir gehört hat – und sie unbeschadet wieder zurückgeben.

»Äh, ist es okay, wenn wir ein paar Legos für einen Film benutzen?«, fragte ich.

Alvin zog langsam seine Hand aus einer Käse-Nacho-Tüte, die darin nach Bröseln gesucht hatte. Er nahm das Buch von seinem Bauch, markierte sorgsam die Seite und legte es weg. Dann setzte er sich auf und betrachtete seine drei Bittsteller. (Das Wort habe ich aus der Szene mit dem *Moosigen Mönchskloster*, falls du dich wunderst.)

»Klar«, sagte er. »Das könnt ihr schon machen.«

»Super!«, sagte ich. »Wir bedienen uns einfach. Danke!«

Ich ging hinüber zu dem Regal, in dem die Legokisten verstaut waren. Ein Teil von mir fragte sich, was mit Alvin los war, aber ich hoffte, dass das Buch, unter dem er begraben lag, sehr spannend war und er einfach nur weiterlesen wollte. Der andere Teil von mir hatte den Verdacht, dass das viel zu einfach wäre. Ich entschied, die Kisten so schnell wie möglich aus dem Regal zu holen und aus seinem Zimmer zu verduften, bevor er Zeit zum Nachdenken hatte.

»Also, nur so aus Neugierde«, sagte Alvin, der schon genug Zeit zum Nachdenken gehabt hatte, »worüber sprechen wir hier denn so, zahlenmäßig? Ein halbes Dutzend Orks oder eine Handvoll Affen?«

Ich erstarrte, meine Hand auf der Kiste, dann drehte ich mich zu ihm um.

»Was macht das für einen Unterschied?«, fragte ich, und obwohl ich versuchte, gleichgültig zu klingen, konnte ich das Zittern in meiner Stimme hören.

Alvin hörte es ebenfalls. Wenn er Schnurrhaare gehabt hätte, hätten sie gebebt. Er spürte meine Schwäche, kauerte sich auf den Boden und bereitete sich auf den Sprung vor.

KAPITEL 73

»Es sieht so aus, als ob du ziemlich viele Legos brauchen würdest«, sagte Alvin, der von seinem gemütlichen Bett aus beobachtete, wie Javier, Marta und ich mehrere Kisten in den Flur schleppten. »Willst du auch ein bisschen Playmobil?«

»Klar«, sagte ich. »Das wäre super.«

Zu einfach. Viel zu einfach. Ich wünschte mir langsam, dass Marta eine Art selbst gebastelten Gefahrendetektor erfunden hätte, der uns warnen würde, bevor Alvins Falle, mit mir in ihren erbarmungslosen Klauen, zuschnappen würde.

»Woran arbeitet ihr, dass ihr so viele Figuren braucht?«, fragte Alvin.

»Nur so ein Video«, sagte Javier und stellte sich zwischen meinen Bruder und mich. »Nichts Besonderes.«

»Das sieht mir aber schon nach etwas Besonderem aus«, sagte Alvin. »Das sieht ziemlich episch aus, wenn ihr die meisten Legos und auch noch die Playmobilreserven braucht.«

»Na ja, es ist ein bisschen größer angelegt«, sagte Javier und spielte Alvins Spiel meisterhaft mit, »aber prinzipiell ein Stop-Motion-Video wie immer. Wir wissen es echt zu schätzen, dass du uns deine Sachen benutzen lässt. Ich werde deinen Namen in den Abspann aufnehmen. Na, wäre das nicht was?«

»Das wäre schon was«, sagte Alvin. Er nahm sein Buch wieder in die Hand. Ich entschied auf der Stelle, dass Javier meine ganzen zukünftigen Deals mit ihm aushandeln würde. Doch dann fügte Alvin ganz beiläufig hinzu, als wäre es nur so ein zusätzlicher Gedanke: »Eine Sache wäre da allerdings noch, die ihr für mich tun könntet.«

»Und die wäre?«

Marta griff nach meinem Arm, als ob sie mich auf das Schlimmste vorbereiten wollte. Oder als ob sie Angst hätte, dass dies einer unserer letzten gemeinsamen Augenblicke sein könnte.

»Ich will den nächsten Stunt für Tante Carolines Buch machen.«

Ha!, dachte ich, ohne mir auch nur das geringste Anzeichen eines Triumphes auf meinem Gesicht anmerken zu lassen. Alvin nahm an, er würde etwas Großes verlangen, etwas, das ich ihn nie würde machen lassen. Aber er hatte das Buch nicht gelesen – er wusste nicht, dass es schon fast fertig war, dass keine Aufgaben mehr übrig waren.

»Du weißt, dass du das nicht kannst«, sagte ich. »Das ist zu gefährlich. Mum und Dad würden mir mein Leben lang Hausarrest verpassen, wenn sie das jemals herausfinden.«

Clever, oder? Ich wollte nicht sofort nachgeben – er würde den Braten sonst riechen.

»Gut, na ja, dann ist es aber, glaube ich, auch zu gefährlich für mich, euch meine Legos auszuleihen«, sagte Alvin.

Was gar keinen Sinn ergab. Normalerweise hätte ich ihn darauf aufmerksam gemacht, aber in diesem Fall musste ich mich gar nicht erst mit dieser sinnlosen Nebensache herumschlagen.

Ich gab mein Bestes, sauer und geschlagen auszusehen. »Okay, na gut«, sagte ich. »Wenn das die einzige Möglichkeit ist, dann werden wir dich eben den nächsten Stunt machen lassen. Aber du darfst es niemandem erzählen, nie. Kapiert?«

»Kapiert!«, sagte Alvin erfreut. »Sagt mir Bescheid, wenn der nächste ansteht.«

»Werden wir«, sagte ich. »Gleich der nächste.«

Und dann entkamen wir drei mit unserer Plastikbeute nach unten, bevor er sich noch irgendetwas mit unseren erstgeborenen Kindern ausdenken konnte.

KAPITEL 74

Jetzt hatten wir zwar unsere Legionen, aber wir brauchten immer noch unsere *Weglosen Weiten*. Was sich schnell als Problem herausstellte.

Ich hatte mir ausgemalt, dass wir die Schlacht draußen filmen könnten, aber obwohl mein Dad ein zwanghafter Rasenmäher war, war das Gras in unserem Garten immer noch höher als die meisten der Figuren.

»Wie wäre es vielleicht mit einem Golfplatz?«, schlug Marta vor. »Das Gras auf Golfplätzen ist doch immer sehr kurz, oder?«

»Na ja, wenn du willst, dass in der Schlacht der *Weglosen Weiten* auch Riesen mit Stollenschuhen und Metallschlägern vorkommen, die die Armeen zertrampeln, dann würde das funktionieren«, sagte Javier.

»Klingt doch cool«, sagte Marta.

Cool klang es schon, aber auf der anderen Seite: »Die Golfer würden uns anschreien«, sagte ich. »Du weißt schon, diejenigen, die fürs Golfspielen bezahlen und nicht dafür, auf Legos zu steigen.«

»Wir brauchen einen richtig großen Tisch irgendwo drinnen«, sagte Javier. »Dann müssten wir uns keine Sorgen darüber machen, dass jemand daraufsteigt oder dass es regnet.«

»Oder alles von einem Eichhörnchen verwüstet wird«, fügte Marta hinzu.

Javiers Esstisch war riesig, aber ständig in Gebrauch.

»Ich würde ja unsere Tischtennisplatte anbieten«, sagte Marta, »aber mein Dad hat seine ganze Modelleisenbahnlandschaft darauf aufgebaut. Und ich darf nicht mal in anderthalb Meter Entfernung davon atmen. Wegen dem einen Mal, als ich den *Zug* in mein Gesicht hab fahren lassen.«

Javier und ich nickten. Wir erinnerten uns an die Striemen. Marta wollte damals an Halloween als Frankensteins Monster gehen. Javier war Dr. Frankenstein, und ich war Igor. Das hatten wir gut hinbekommen.

»Ich hab im Kopf, dass ich irgendwo letztens eine Tischtennisplatte gesehen habe«, sagte ich. Ich versuchte, mich zu erinnern, wo ich überall gewesen war. Ich sah die Platte vor mir ... das kleine Netz ... ich sah ... Chocolate Chip Cookies. Große Chocolate Chip Cookies. »Das Seniorenzentrum«, sagte ich, als ich mit Nachdenken fertig war. »Die haben eine Tischtennisplatte. Neben dem Yoga-Raum. Und ich hab niemanden je spielen sehen.«

»Muss man denn kein Senior sein, um im Seniorenzentrum die Tischtennisplatte zu benutzen?«, überlegte Javier.

»Ich bin ein Ehrensenior«, sagte ich. Das hatte mir Nate beim letzten Mal gesagt.

»Du bist wirklich schon früh gealtert«, sagte Marta zu mir.

Also gingen wir am Samstagmorgen los zum Seniorenzentrum. Unsere Legokisten stellten wir in den Wagen, mit dem ich Alvin einmal hatte herumziehen müssen.

KAPITEL 75

Wie sich herausstellte, war an Samstagen im Seniorenzentrum viel los, und als wir hineingingen und überall Senioren herumlaufen sahen, befürchtete ich schon, dass die Tischtennisplatte besetzt sein würde.

War sie aber nicht.

Javier bestand darauf, uns die Erlaubnis einzuholen, dass wir die Platte benutzen durften. Aber am Empfang am Eingang war niemand, den wir fragen konnten. Tatsächlich hatte ich noch nie jemanden am Empfang gesehen, und ich fragte mich langsam, ob er nur Fake war. Nicht der Empfang selbst, sondern die Idee, dass sich jemand dort hinsetzte, der den Eingang überwachte oder Fragen beantwortete oder was auch immer.

Wir gingen in den Gemeinschaftsraum und fanden Nate und seine Clique an ihrem üblichen Tisch. Sie aßen gerade zu Mittag. Makkaroni. Und die sahen wirklich sehr gut aus – die perfekte Mischung aus Soße und Käse.

»Albert!«, sagte Nate. »Und deine Freunde hast du auch mitgebracht, Javier und noch jemanden.«

»Ich bin Marta«, sagte Marta. »Schön, Sie kennenzulernen.« Sie streckte ihre Hand aus, und Nate schüttelte sie.

»Ebenso«, sagte er. »Das ist aber eine ganz schön ausgefallene Frisur, die du da hast, junge Dame.«

»Finden Sie?«, sagte Marta und strich ihren einen Zentimeter langen Pony glatt.

»Sicher – so hängen dir nie die Haare ins Gesicht, oder?«

»Niemals!«

In der Zwischenzeit sah sich Javier in dem Raum um, als ob er nach jemandem Ausschau hielte. Großtante Rosa, dachte ich. Ich hatte ganz vergessen, dass sie hierherkam, da ich sie bei meinen Besuchen kein einziges Mal gesehen hatte. Vielleicht kam sie zu einer anderen Tageszeit.

»Wir haben uns gefragt, ob wir uns eure Tischtennisplatte ausleihen dürfen«, sagte ich zu Nate.

»Sicher«, sagte Nate. »Im Moment ist Tischtennis nicht sehr beliebt. Diese Phasen – die kommen und gehen.«

Senioren hatten also auch Phasen? Ich dachte immer, wenn man alt wird, verfällt man in einen immer gleichen Trott. Anscheinend nicht.

Jetzt hatten wir schon mal unsere Legionen und unsere *Weglosen Weiten*. Wir mussten also nur noch unsere epische Schlacht filmen. Und das mussten wir so gut machen, dass Caroline einsah, dass es total falsch von ihr gewesen war, die Schlacht wegzulassen. Das Problem war allerdings immer noch, dass wir keinen Schlachtplan hatten. Das konnten wir ignorieren, während wir noch darauf konzentriert waren, alles andere zusammenzubekommen. Und Caroline und der Ghostwriter kümmerten sich normalerweise schließlich um die Handlungen. Wir waren die Detail-Crew. Wie sollten drei Kinder, die nichts über Schlachten wussten, eine überwältigend aufregende

Schlacht auf einer Seniorenzentrums-Tischtennisplatte mit ein paar Spielzeugfiguren filmen?

Nate beäugte die Kisten, die wir zu unseren Füßen abgestellt hatten. »Das ist ganz schön viel Ausrüstung für Pingpong«, sagte er. »Ihr wisst schon, dass das kein Kontaktsport ist, oder? Für ein Pingpong-Spiel braucht ihr keine Schilde und Helme. Oder spielt ihr jungen Leute heutzutage irgendeine Pingpong-Extremversion?«

Martas Gesichtsausdruck sah aus, als ob Extrem-Kontakt-Tischtennis jetzt auf ihrer Liste der Dinge stand, die sie unbedingt ausprobieren musste. Sie wollte gerade irgendetwas Komisches sagen, aber ich fiel ihr ins Wort, bevor sie dazu kam.

»Wir machen einen Film«, sagte ich. »Einen Stop-Motion-Film von einer großen Schlacht. Das hier« – ich deutete auf die Kisten – »sind unsere Legionen.«

Nates Gesichtsausdruck sah genau aus wie der, den ich gerade von Martas Gesicht gewischt hatte. »Ihr filmt eine Schlacht? Mit Legionen? Wie und wo kann ich mich als Freiwilliger melden?«

KAPITEL 76

Ich hatte ganz vergessen, dass Nate ein Fan von Militärgeschichte war. Ein großer Fan, wie sich herausstellte. Auf Nerd-Level. Nachdem wir ihm erklärt hatten, dass wir die Schlacht für meine Tante filmen wollten, damit sie sich nicht vor der entscheidenden Szene in ihrem Buch drückte, trat er sofort in Aktion wie ein General. Vor einer Armee von, na ja, drei Kindern, die keinerlei militärisches Wissen jenseits des dritten *Herr-der-Ringe* Films besaßen.

»Also, diese *Weglosen Weiten*«, sagte er, als ich mit meiner Zusammenfassung des »Schlachtrufe«-Kapitels fertig war. »Irgendwelche Hauptmerkmale oder Orientierungspunkte? Hügel, Wälder?«

»Na ja, wir wissen, dass es keine Wege gibt«, sagte ich. »Und Weiten sind irgendwie weitläufig, oder?«

»Wie sieht es mit der umliegenden Gegend aus?«, fragte Nate.

Darüber musste ich eine Minute nachdenken. Wo war Gerald jetzt? »Äh, das *Moor ohne Besondere Merkmale*? Und jenseits davon die *Statischen Sümpfe*.«

»Ha!«, machte Nate. »Ganz schön viele Alliterationen.«

Javier kicherte. Marta und ich sahen uns an und zuckten mit den Schultern.

»Aber das hilft uns bei der Schlachtstrategie auch nicht weiter«, sagte Nate.

Marta sortierte die Lego- und Playmobilfiguren und stellte die verschiedenen Armeen auf. »Was brauchen wir außer Kobolden und *Rauchechsen* noch für den Feind?«, fragte sie mich.

Ich sah auf meiner handgeschriebenen Liste nach. »*Glühbiester*, *Schattenreiter*, *Sumpfbären* und *Wehrwölfe*«, sagte ich.

Nate pfiff leise durch die Zähne, so wie ich das schon seit Jahren versuchte hinzubekommen. »Werwölfe? Das ist nicht irgendeine beliebige Gartenschlacht, nehme ich an?«

»Keine Werwölfe«, sagte ich. »*Wehr*wölfe. Das sind die Wölfe, die das Zeitstrudelwehr des Zauberers bewachen.«

»Geschnallt«, sagte Nate. Er sah zu dem Tisch hinüber, auf dem Marta die Legionen in engen Gruppen mit Blick auf die jeweils andere Seite des Netzes aufstellte. Er verschränkte die Arme. Von einem Ende der Platte ging er zum anderen.

Und dann sagte er endlich etwas: »Ihr braucht ein paar Kommandanten«, sagte er. »Armeen kämpfen nicht so mir nichts, dir nichts drauflos – sie brauchen Anweisungen.«

Mir nichts, dir nichts. Das kam geradewegs in meine Opa-Akte.

Marta kramte in der Playmobilkiste herum und fand eine Handvoll Weihnachtsmänner aus verschiedenen Weihnachts-Sets. »Können wir die dafür verwenden?«

»Hauptsache, sie stechen heraus«, sagte Nate.

Die Weihnachtsmänner, in leuchtendem Rot und ungefähr einen Kopf größer als die meisten Lego-Orks, Affen und anderen Figuren, die wir für Carolines Truppen verwendeten, stachen definitiv heraus.

»Aber die sehen alle gleich aus«, sagte Javier. »Sollten sie nicht verschieden sein, damit wir sie auseinanderhalten können, wenn sie erbittert kämpfen?«

»Es wird erbittert gekämpft?«, fragte Nate und zog eine Augenbraue hoch.

»Das ist eine epische Schlacht«, sagte Marta.

»Nur so nebenbei – ich habe einen Mordsspaß!«, verkündete Nate.

KAPITEL 77

Jetzt hatten wir also einen Weihnachtsmann, einen Elefanten, einen Fußballtrainer und einen Busfahrer als Kommandanten auf der Koboldseite und eine Giraffe, einen Gorilla und einen Bademeister auf Geralds Seite. Gerald und Snarko waren zwei Playmobilväter und die Teufelin sogar ein echter Teufel, der Teil eines Halloween-Sets gewesen sein musste. Es war nicht perfekt, und wir verwechselten immer wieder die Kommandanten, aber es war für unsere Zwecke gut genug.

Nate nahm das Netz von der Tischtennisplatte, ging dann kurz raus und kam mit einem Billardstock zurück, den er benutzte, um die Legionen auf der Platte herumzuschieben, bis er mit ihren Positionen zufrieden war. »Wie sehen unsere strategischen Ziele aus?«, fragte er und schaute uns einen nach dem anderen an.

»Na ja«, sagte ich, »Gerald will zu dem Wehr vordringen, und die Kobolde versuchen, ihn aufzuhalten, deshalb kämpfen sie, und es muss wirklich sehr spannend sein, und am Schluss muss Gerald gewinnen.«

»Das klingt einfach«, sagte Nate. »Wie sieht es mit Stärken und Schwächen in den Armeen aus?«

Ich wollte gerade sagen, dass ich keine Ahnung hatte. Aber dann dachte ich einen Augenblick darüber nach. »Die

Kobolde sind unorganisiert und neigen dazu, sich gegenseitig zu bekämpfen«, bot ich an.

»Und die Echsen, die sie reiten, haben schwache Knöchel«, sagte Javier.

»Die Teufelin hat keine Schwächen«, warf Marta ein.

»Okay, das ist gut zu wissen«, sagte Nate. »Und euer Held? Gerald? Hat der Erfahrung darin, eine Armee zu kommandieren?

»Nee«, sagte ich. »Er ist ein elfjähriger Junge.«

»Also nur Spielplatzraufereien«, sagte Nate. »Alles klar.«

»Aber in letzter Zeit hat er ein paar schwere Aufgaben bewältigt«, fügte ich hinzu. »Also ist er viel klüger und geschickter geworden.«

»Klüger als so ein durchschnittlicher Kobold?«

»Ja. Die Kobolde sind nicht sehr intelligent. Es gibt nur sehr viel mehr von ihnen.«

»Das sehe ich«, sagte Nate, während Marta immer noch mehr Orks zu der Koboldgruppe auf die Platte stellte. »Gerald ist in der Unterzahl. Was bedeutet, dass er seine Gegner überlisten muss.«

Das schien mehr als offensichtlich zu sein, jetzt, wo wir alle in proportionaler Anzahl auf der Tischtennisplatte aufgestellt hatten (eine Legofigur stand für zehn von Carolines Figuren). Gerald steckte in großen Schwierigkeiten – man musste kein Militärhistoriker sein, um das zu erkennen.

Nate trat von der Platte zurück. »Gerald hat aber noch etwas anderes auf seiner Seite, nicht wahr?«, fragte er nach einem Moment.

Alle drei dachten wir, dass er weiterreden und uns sagen würde, was das war, aber das tat er nicht, also mussten wir anfangen zu raten.

»Zeit?«, schlug Javier vor.

»Geld?«, bot Marta an, was gar keinen Sinn ergab. Geld wurde in dem ganzen Buch mit keiner Silbe erwähnt.

»Freunde?«, warf ich ein.

»Freunde, genau«, sagte Nate. »Aber ich nehme an, dass die Kobolde und Schlumpfbären – «

»Sumpfbären«, korrigierte ich.

»Sumpfbären auch ein paar Kumpel haben. Nein, ich habe von Recht gesprochen. Gerald hat das Recht auf seiner Seite, oder?«

»Das hat er«, sagte ich. »Gerald ist auf der Seite des Guten.«

»Dann kann er nicht verlieren«, sagte Nate. »Darum müssen wir uns kümmern.«

KAPITEL 78

Wir brauchten noch den ganzen Samstagnachmittag und fast den gesamten Sonntag, um vielleicht zu drei Vierteln durch die Schlacht der *Weglosen Weiten* zu kommen. Nates Freunde kamen vorbei, um zu sehen, was wir so trieben, und boten Ratschläge an. Ellens Ideen wurden ziemlich blutig. Wir mussten sie ständig an die Vogelperspektive erinnern. Sie beharrte darauf, dass beim Kämpfen eben Gliedmaßen abgehackt wurden, und wenn du dich an das Schlacht-Kapitel in Buch 1 erinnerst, weißt du, dass ein paar ihrer mörderischen Details tatsächlich den Weg ins Buch gefunden haben.

Irgendwann entschied Nate, dass wir Militärsanitäter brauchten, um die Verwundeten vom Schlachtfeld zu bringen. Marta fischte einige Ärzte und Krankenschwestern aus den Kisten. »Was soll ich mit denen machen?«, fragte sie.

»Rosa wüsste das jetzt genau«, sagte Henry, der zum Zusehen so nahe herantrat, dass er Cookie-Brösel über die Legionen regnen ließ. An einer Stelle im fertigen Film sieht man sein großes, blasses Gesicht, das wie ein riesiger Vollmond über den Sumpfgeschöpf-Brigaden schwebt.

»Stimmt«, sagte Nate. »Rosa war eine Militärkrankenschwester. Wo ist sie eigentlich abgeblieben? Ich habe sie schon seit Monaten nicht mehr gesehen. Sie war immer ein Stammgast beim Pokern.«

»Rosa ist Javiers Tante«, sagte ich. »Sie kommt ständig hierher, oder?«

Javier zuckte mit den Schultern. »Dachte ich zumindest«, sagte er.

Marta hatte diese Gelegenheit ergriffen, um Ärzte und Krankenschwestern in Krankenwagen zu stecken und sie aufs Schlachtfeld zu fahren.

»Warte, warte, warte«, sagte ich. »In dieser Welt gibt es keine Autos!« Ich dachte kurz nach. »Vielleicht andere Wagen. Hat Alvin noch irgendwelche Wagen da drin? Schubkarren oder so?«

Marta stieß einen genervten Seufzer aus. »Ein Fußballtrainer kommandiert *Glühbiester*, aber es kann keine Krankenwagen geben?« Aber noch während sie sich beschwerte, steckte sie sie schon zurück in die Kiste. Sie kramte eine Weile darin herum, fand aber nichts Wagenmäßiges. Alvin war kein großer Sammelfreund der Bauernhof-Sets.

»Tragen«, sagte Nate. »Sie können zu Fuß mit Tragen angelaufen kommen und die Verletzten herausziehen.«

Marta, Henry und ich fanden ein bisschen Pappe im Handarbeitsraum und bastelten ein paar winzige Tragen.

Wir hatten also Figurenarmeen, die militärische Strategien anwendeten, und Verletzte und sogar Sanitäter. »Das wird super!«, sagte Marta immer wieder. »Es kann gar nicht sein, dass Caroline das nicht gefallen wird.«

Dann sagte Nate auf einmal: »Halt!«

»Was?«, fragte Javier. »Was ist los?«

»Wir haben ein Problem«, sagte Nate.

»Was für eins?«

»Gerald wird die Schlacht verlieren«, sagte Nate. Er ging langsam um die Platte herum und betrachtete die Szene von allen Seiten. »Ich sehe einfach keinen Weg, der daran vorbeiführt. Es gibt keine Möglichkeit, wie er gewinnen kann.«

»Aber was ist mit dem Recht, das er auf seiner Seite hat?«, fragte Marta. »Sollte das nicht helfen?«

Nate schüttelte den Kopf. »Ich fürchte, in diesem Fall hat das Unrecht die Oberhand.«

KAPITEL 79

Wir hatten am Sonntag noch so lange gefilmt, bis wir alle zum Abendessen nach Hause mussten. Am Montag liefen Javier, Marta und ich nach der Schule direkt rüber zum Seniorenzentrum und hofften, dass Nate sich überlegt hatte, wie Gerald die Schlacht gewinnen konnte.

Als wir ankamen, stand er neben der Tischtennisplatte und hielt seinen Billardstock in der Hand. Auf einem Klapptischchen in der Nähe lag ein Stapel Bücher über den Bürgerkrieg.

»Irgendwelche Fortschritte?«, fragte ich.

»Gerald ist in der Unterzahl«, sagte er. »Und jetzt ist er auch noch ziemlich umstellt.«

Das stimmte. Die Koboldkrieger hatten Geralds viel kleinere Gruppen umzingelt.

»Können wir nicht ein paar von den bösen Jungs davon überzeugen, auf unsere Seite zu wechseln?«, fragte Marta. »Es ist doch alles nur erfunden. Wir können machen, was wir wollen.«

»Es muss aber realistisch sein«, sagte ich. »Es muss Sinn ergeben.«

»Albert hat recht«, sagte Nate. »Die Kobolde können sich nicht einfach geschlagen geben. Wir haben zwar festgelegt, dass sie nicht besonders schlau sind, aber das spielt keine Rolle, wenn man in der Überzahl ist. Und das sind sie. Sogar ein Haufen Idioten kann eine Schlacht gewinnen, wenn der Haufen groß genug ist.«

»Kannst du Caroline nicht fragen, ob sie nicht schon vorher ein paar Koboldlegionen loswerden kann?«, fragte mich Javier. »Könnte sie die Zahl nicht einfach ändern?«

»Irgendwie ist das wie Schummeln«, sagte ich. »Wir wollen es Gerald doch so schwer wie möglich machen, zu gewinnen. Sonst ist es nicht heroisch.«

»Wir machen es ihm definitiv schwer«, sagte Nate. »Unser guter alter Gerald braucht ein Wunder, und zwar genau jetzt. Etwas Magisches.«

Alle drei sahen wir Nate an und dann wieder uns. Anscheinend hatten wir vergessen zu erwähnen, dass Gerald Magie zur Verfügung stand.

»Ähm«, sagte ich, »tatsächlich hat Geralds Opa magische Kräfte. Er ist ein Meister der Zaubertränke.«

»Warum hast du das denn nicht gleich gesagt?«, fragte Nate. »Lassen wir Opi doch einen Riesenkessel Schlaftrunk brauen. Und den Feind eine Weile ins Land der Träume schicken.«

»Das können wir nicht«, sagte ich. »Geralds Opa wird von einem bösen Zauberer in einem Zeitstrudel in seinem Wehr gefangen gehalten.«

Nate schüttelte den Kopf. »Wie ich es hasse, wenn das passiert.«

KAPITEL 80

Henry war während unserer Unterhaltung ein bisschen herumgewandert. »Wenn es einen Meister der Zaubertränke und einen bösen Zauberer gibt, müssen doch auch noch ein paar andere Geschöpfe mit magischen Kräften in der Nähe sein«, sagte er. »Ist denn sonst niemand da, der helfen kann?«

»Die meisten anderen magischen Geschöpfe sind nicht sehr freundlich«, sagte ich und dachte an den *Panzerglas-Pixi* und die *Brutalen Butterblumen* und all die anderen zurück, die Gerald auf dem Weg hierher Kontra gegeben und Verletzungen zugefügt hatten.

»Was ist mit der *Absoluten Autorität*?«, sagte Javier.

Mein Herz rutschte mir in die Hose, als er das vorschlug. Was komisch war, denn wir sprachen von Figuren in einem Buch. Sie existierten nicht wirklich und hatten kein Recht dazu, jemandem ein schlechtes Gefühl zu geben. Aber die *Absolute Autorität* löste genau dieses Gefühl in mir aus.

Sie war eine schattenhafte Gruppe von ehrwürdigen Alten, die die Welt, in der Gerald sich wiedergefunden hatte, sozusagen regierten. Sie waren zwar nie persönlich aufgetreten, aber während der Hindernisse hatten mehrere Figuren von ihnen gesprochen, meistens auf eine

Art und Weise, die verriet, dass mit ihnen wirklich nicht zu spaßen war. Es hatte Drohungen gegeben wie »Wenn du nicht willst, dass ich die Autorität informiere, gehst du jetzt besser mal von meinem Rasen runter, du Bengel«.

»Aber niemand spricht die *Absolute Autorität* direkt an«, sagte Marta. »Dafür braucht man einen schwarzen Raben.«

Sie hatte recht. Nur ein schwarzer Rabe konnte die Autorität überhaupt finden, geschweige denn ihr eine Nachricht zukommen lassen.

»Das geht also auch nicht«, sagte ich. Und ich gebe zu, dass ich erleichtert war, nicht die Autorität einschalten zu müssen. Ich halte mich lieber im Hintergrund, was Autoritäten angeht, echt oder erfunden, aber das ist eine andere Geschichte.

»Wie wär's mit der Kohlmeise, die Gerald mit der Heilsalbe gerettet hat?«, schlug Javier vor. »Die könnte einen schwarzen Raben aufspüren.«

»Stimmt!«, sagte Marta. »Vern ist Gerald noch einen Gefallen schuldig. Seine Gang hat Gerald angegriffen und Vern dann zurückgelassen, als er sich den Flügel gebrochen hat. Wenn Gerald nicht gewesen wäre, wäre Vern das Abendessen eines *Wehrwolfs* geworden.«

»Perfekt!«, sagte Nate, der keine Ahnung hatte, wovon wir sprachen. »Dann schicken wir also Vern die Kohlmeise mit einer Nachricht zu einem schwarzen Raben, die der dann an die *Absolute Autorität* überbringt.«

Vielleicht hatte er doch eine Ahnung.

»Wie soll die Nachricht lauten?«, fragte Javier.

»Hilfe!«, sagte Nate. »Die Nachricht lautet: ›Hilfe!‹«

KAPITEL 81

Wir hatten also jetzt eine genaue Vorstellung davon, wie Gerald die Schlacht gewinnen konnte, aber wir brauchten mehr Informationen. Wir verstanden die *Absolute Autorität* nicht gut genug, um zu wissen, wie sie helfen würde oder *ob* sie überhaupt helfen konnte. Nur eine Person wusste das – oder konnte es zumindest für uns erfinden …

»Das ist blöd«, sagte Javier. »Wir wollten deiner Tante diese ganze tolle Schlacht wie auf dem Silbertablett servieren, und jetzt …«

»Jetzt brauchen wir sie, um diese ganze tolle Schlacht zu beenden«, sagte ich.

»Hey«, sagte Marta. »Wie oft haben wir ihr denn jetzt schon aus der Patsche geholfen?«

»Ganz schön oft«, sagte Javier. »Und Alex hat Narben, um das zu beweisen.«

»Und dieses permanente Humpeln«, fügte Marta wahllos hinzu.

»Ich humple aber nicht.«

Die beiden hatten recht (außer mit der Sache mit dem Humpeln). Wir hatten es fast geschafft. Aber wir brauchten Caroline, um uns über die Ziellinie zu bringen.

Also schickte ich Caroline eine vorsichtig formulierte Nachricht:

Arbeite gerade an einer möglichen Schlachtszene. Falls du doch noch eine haben willst. Es läuft gut, aber G ist in der Unterzahl. Kann er die Absolute Autorität um Hilfe bitten?

Sie brauchte ungefähr zehn Minuten, um zu antworten. Ich war so nervös, weil ich derart in ihr Buch eingegriffen hatte, dass ich die Flure des Seniorenzentrums auf und ab joggte. Die anderen saßen im Gemeinschaftsraum und aßen Cookies, bis mein Handy endlich vibrierte.

Bin in der Gegend. Komme so schnell wie möglich vorbei.

Oh, oh. Ich hatte keine Ahnung, ob sie kam, um zu helfen oder um zu meckern, weil ich eine Schlacht schlug, die sie ganz eindeutig nicht haben wollte. Außerdem würde sie zu mir nach Hause gehen, wo ich ja gar nicht war.

Bin im Seniorenzentrum, schrieb ich. Kommst du dorthin?

Vor einem Haufen Senioren konnte sie mich auch nicht anschreien, fiel mir ein. Und falls sie es doch auf mich abgesehen hatte, wusste ich wenigstens, dass Ellen mich verteidigen würde.

Schon unterwegs, war die Antwort.

Ich kam ihr auf den Eingangsstufen entgegen.

»Arbeitest du hier ehrenamtlich?«, fragte sie, als wir hineingingen.

»Nicht wirklich«, sagte ich. »Weißt du noch, als ich Recherchen für die Rückblenden von Opa angestellt habe?«

Sie nickte.

»Seitdem bin ich öfter hier. Die Cookies sind ziemlich gut.«

»Das ist Grund genug für mich«, sagte sie. »Also, äh, was hat es mit dieser Schlacht auf sich?«

KAPITEL 82

Ich wurde einfach nicht schlau aus Caroline. Sie trug einen Anzug, da sie gerade von der Arbeit kam, was auch nicht gerade hilfreich war. Ich war die Freizeit-Caroline gewohnt, nicht die Business-Caroline. Sie sah nicht so aus, als wäre sie sauer, aber andererseits hatte ich sie auch noch nie wirklich sauer gesehen. Vielleicht qualmte sie ruhig vor sich hin wie mein Dad, anstatt mit hochrotem Gesicht herumzuschreien wie ihre Schwester.

Ich nahm mir einen Moment, um meine Gedanken zu ordnen, aber die sprinteten so schnell davon wie Marcello ohne Leine. »Na ja«, platzte ich heraus, »ich fand nur, dass das ganze Friedens-Kapitel die Geschichte irgendwie, äh, verlangsamt und dass eine richtige Schlacht vielleicht spannender wäre. Weißt du, was ich meine? Das Kapitel davor hat so aufgehört, dass man dachte, es käme eine, und dann … du musst das aber natürlich nicht machen …«

Caroline stöberte ohne erkennbaren Grund in ihrer Handtasche herum, vermutlich nur, um den Augenkontakt mit mir zu vermeiden. Sie zog ein antikes Kaugummipäckchen heraus, betrachtete es und schmiss es dann wieder hinein.

Ich wippte auf meinen Zehen auf und ab und machte mich bereit, sofort loszurennen.

Schließlich legte sie ihre Hand auf meine Schulter und drückte mich nach unten. Ich hörte auf zu wippen. »Das ist schon okay«, sagte sie. »Ich habe dich ja darum gebeten, mir zu sagen, wann das Buch langweilig ist, und das tust du gerade. Das weiß ich zu schätzen. Ich hatte eigentlich geplant, eine Schlacht einzubauen, aber dann habe ich einen Rückzieher gemacht. Ich hasse Gewalt, und von Militärzeug habe ich überhaupt keine Ahnung. Ich glaube, ich habe mich einfach gedrückt.«

Ich verhielt mich ganz still, um ein zustimmendes Nicken zu vermeiden. »Also willst du vielleicht doch noch eine Schlacht?«, fragte ich beiläufig.

»Könnte schon sein. Wenn sie nicht *zu* blutrünstig ist. Ich bin zumindest gewillt, die Möglichkeit in Betracht zu ziehen.« Sie lächelte. Ich lächelte zurück. »Bisher hast du mich noch nie in eine falsche Richtung gelotst«, sagte sie. »Aber das erklärt noch lange nicht, warum wir im Seniorenzentrum sind.«

»Komm mit.«

»Meine Güte« war alles, was Caroline herausbrachte, als sie die figurenbeladene Tischtennisplatte und Marta und Javier sah und Nate mit seinem Billardstock und Ellen mit ihrem Häkelprojekt und Henry, der einfach Henry war. Dann: »Was ist das alles?«

»Das ist die Schlacht der *Weglosen Weiten*«, sagte Marta stolz.

Caroline ging hinüber zu der Platte. Sie stellte ihre Tasche darauf ab und schmiss eine Horde *Schattenreiter* um.

Sie suchte nach einer Haarsträhne und fing an, diese um ihren Finger zu drehen, während sie das Szenario betrachtete. »Und ihr – ihr alle – habt das aufgebaut?«, fragte sie schließlich.

»Jep. Und Javier hat es gefilmt«, sagte Marta.

»Um die ganze Schlacht aus der Vogelperspektive sehen zu können«, fügte Javier hinzu, »und um eine Strategie zu erarbeiten.«

Carolines Finger hatte sich in ihren Haaren verknotet. Sie musste fest ziehen, um ihn herauszubekommen. Sie sah mich an. War sie von unserer Arbeit überwältigt? Ein für alle Mal überzeugt, dass das Buch eine epische Schlacht unbedingt nötig hatte?

Das war ganz und gar nicht der Eindruck, den ich hatte.

Dann sagte sie: »Alex, kann ich mal kurz unter vier Augen mit dir reden?«

KAPITEL 83

Wenn dich irgendwann einmal jemand fragen sollte, ob er oder sie kurz unter vier Augen mit dir reden kann, kannst du dir sicher sein, dass es dabei nicht darum geht, dir ein bisschen Privatsphäre zu gönnen, damit du dich vor lauter Lob nicht vor den anderen schämen musst. Das ist mit ziemlich hoher Wahrscheinlichkeit nicht der Grund.

Wir standen draußen im Flur vor dem Tischtennisraum. Caroline hatte die Tür hinter uns zugemacht. Sie ging in engen Kreisen auf und ab, wie ein wackeliges Aufzieh-Spielzeug, ihre Absätze klackerten auf dem Linoleumboden. Ich dachte mir, dass ich vielleicht gerade dabei war, doch noch herauszufinden, wie sie aussah, wenn sie sauer war.

Sie hörte mit dem Herumgeklacker auf und schaute mich direkt an. »Also, ich bin dir wirklich dankbar für all die Arbeit, die du in das Buch gesteckt hast. Das weißt du, oder?«, fing sie an. »Und diese Schlacht ist echt unglaublich, wirklich. Ich bin hin und weg.«

Ich nickte. »Aber …«, bot ich an. Denn ich wusste, dass es eines gab.

Sie lächelte mich gequält an. »Aber – mir war nicht bewusst, dass deine Freunde da auch mit drinstecken. Ich war sehr überrascht, diese ganzen Leute da drin zu sehen.«

Ich nickte wieder. Meiner Erfahrung nach ist es besser, wenn man geschimpft wird – denn das wurde ich, obwohl Caroline superfreundlich zu mir war –, es einfach über sich ergehen zu lassen. Versuch nicht mal, dich zu verteidigen, bis es vorbei ist.

»Als ich dir das Buch zum Lesen gegeben habe«, sagte Caroline, »dachte ich nicht, dass du es mit anderen Leuten besprechen würdest.«

Es fühlte sich so an, als ob mein Magen einen schnellen Lift nach unten in meine Knie nehmen würde. Ich weiß, dass das anatomisch nicht möglich ist – oder sollte der Lift sich etwa teilen und jede Hälfte zu einem anderen Knie fahren? Trotzdem kann ich dieses Gefühl des Hinuntersinkens, das ich immer bekomme, wenn mich jemand kritisiert und ich einsehe, dass er oder sie recht hat, nur so beschreiben.

Als ich meine Freunde das Buch lesen ließ, war mir gar nicht in den Sinn gekommen, dass Caroline das vielleicht nicht wollen könnte. Was komisch ist, denn mir *war* es in den Sinn gekommen, als Alvin es lesen wollte. Ich glaube, ich sah meine Freunde einfach als Erweiterungen von mir selbst an – wenn ich etwas lesen konnte, dann konnten sie das auch.

Das sagte ich Caroline. In ziemlich genau diesem Wortlaut.

Als ich fertig gesprochen hatte, seufzte sie. Ich sah zu ihr hoch, mit einer – wie ich hoffte – guten Imitation von Alvins Welpenblick, obwohl ich mir nicht sicher war, ob der ohne Brille funktionierte. Sie schien den Blick nicht zu bemerken.

»Das kann ich verstehen«, sagte sie endlich. »Und wenn du mich gefragt hättest, ob sie es lesen können, hätte ich vermutlich auch Ja gesagt. Schließlich ist der einzige Grund, warum ich dieses Buch veröffentlichen möchte, ja, dass Kinder es lesen können, stimmt's?«

»Stimmt«, sagte ich. Ein Buch zu schreiben, von dem man nicht wollte, dass es irgendjemand las, erschien mir irgendwie sogar ein bisschen egoistisch. Warum sollte man es für sich behalten, wenn es jemand anderem auch gefallen könnte?

»Vielleicht wollte ich nicht, dass es irgendjemand liest, bevor es fertig ist – außer dir und Lulu natürlich, und meiner Agentin. Dass man es in Unterhosen dastehen sieht, wenn du verstehst, was ich meine.«

Ich stellte mir ihr armes, unfertiges Buch vor, wie es zitternd in seinen Unterhosen dastand und sich schämte. »Es tut mir leid«, sagte ich. »Die Senioren haben es nicht gelesen. Nur Javier und Marta.« Den Ghostwriter erwähnte ich nicht. Wie hätte ich das auch machen sollen? »Es gefällt den beiden wirklich gut«, fügte ich hinzu.

Caroline klatschte in die Hände wie ein kleines Kind, das ein Überraschungsgeschenk bekommt. »Ja wirklich?«, fragte sie. »Haben sie das gesagt?«

»Jep. Das haben sie.«

Carolines Gesicht zuckte. Ich brauchte einen Moment, um zu verstehen, dass sie versuchte, nicht zu lächeln, aber es nicht verhindern konnte, und der Versuch, nicht zu lächeln, nur in einem noch größeren Lächeln endete. Dann umarmte sie mich und drückte mich so fest, dass ich keuchen musste.

KAPITEL 84

Nun, da wir wieder zurück im Tischtennisraum waren und eine offizielle Vorstellungsrunde hinter uns hatten, ging Caroline um die Platte herum und sah sich die Schlachtszene genauer an.

»Sie sind also die *Absolute Autorität*«, sagte Nate und ging ihr aus dem Weg. »Die Rettung in der Not.«

Caroline lachte. »Nein, nein«, sagte sie. »Ich bin bestimmt nicht die Autorität. Ich bin nur die bescheidene Autorin und habe die Situation kaum noch unter Kontrolle. Meine Figuren überraschen mich immer wieder. Ungefähr so wie mein Neffe.«

»Albert ist ein großartiger Junge!«, sagte Nate und versetzte mir mit dem Billardstock einen Stoß in die Rippen.

Caroline lachte wieder. »Keine Einwände.« Sie hielt bei der Mitte der Platte an, wo Geralds Armee in Stop Motion verprügelt wurde. »Okay, ich sehe das Problem«, sagte sie. »Und es gibt keinen Ausweg?«

»Keinen natürlichen Ausweg«, sagte Nate. »Sie sind einfach in der Unterzahl.«

»Nun ja, dann braucht es hier eben etwas *Über*natürliches«, sagte Caroline. »Aber Gerald kann die *Absolute Autorität* nicht von sich aus kontaktieren. Das wurde schon so festgelegt.«

»Wir dachten, dass Vern einem schwarzen Raben eine Nachricht überbringen könnte«, sagte Javier.

»Das könnte er tatsächlich«, sagte Caroline. »Das ist eine sehr gute Idee. Vern verdankt Gerald sein Leben. Und so führt die Freundlichkeit, die Gerald Vern erwiesen hat, auf direktem Weg zu seinem Sieg. Das ist super!«

»Außerdem muss Gerald nicht selbst fragen«, sagte ich. »Also ist er immer noch der Held.«

»Gerald wäre auch ein Held, selbst wenn er nach Hilfe fragen würde«, sagte Caroline. »Sogar Helden müssen manchmal um Hilfe bitten.« Sie nahm ihre Tasche von der Platte und stellte die umgefallenen *Schattenreiter* wieder auf ihre Füße. Oder Hufe. Ich war mir ziemlich sicher, dass sie Hufe hatten. »Aber es ergibt Sinn, dass Vern die Initiative ergreift. Er kann fliegen, also kann er von oben sehen, was los ist und wie aussichtslos die Situation ist.«

»Er hat eine echte Vogelperspektive«, sagte Javier.

»Genau.« Caroline nahm die Zimmerdecke in Augenschein und tippte sich eine Weile mit einem leuchtend blauen Fingernagel ans Kinn. »Vern holt also Hilfe …« Sie kramte in ihrer Tasche herum, und zum ersten Mal überhaupt kam nichts zum Vorschein. »Hat irgendjemand ein Blatt Papier? Und ein bisschen Klebeband?«, fragte sie.

Ellen holte welches aus dem Handarbeitsraum.

Caroline rollte und klebte, bis sie ein Objekt in der Hand hatte, das aussah wie eine Eistüte, nur ohne die Eiscreme darin. »Und er wird damit zurückkommen.« Sie hielt es mir hin, und ich nahm es.

»Was ist das?«, fragte ich. Origami war nicht gerade eine Stärke meiner Tante.

»Das ist ein *Seufzhorn*«, sagte sie.

»Was kann denn so ein *Seufzhorn*?«

»Probier's aus. Los, seufze mal rein.«

KAPITEL 85

Ich seufzte in das *Seufzhorn*. Nichts Magisches passierte, falls du neugierig bist. Ein bisschen warmer Atem kam am anderen Ende heraus. Das war's.

»Wenn das ein echtes *Seufzhorn* wäre und du Gerald wärst«, sagte Caroline, »hättest du die Wand da drüben ein gutes Stück bis hinter den Parkplatz geblasen. Und uns gleich mit.«

»Cool«, sagte Marta. »Kann ich's mal versuchen?«

»Es passiert nicht wirklich etwas«, sagte ich ihr.

»Das werden wir ja sehen.« Marta seufzte nicht hinein – sie blies mir direkt ins Gesicht.

Ich bekam eine große Ladung von ihrem Cookie-Atem ab, aber ich flog nicht durch die Wand und hinterließ auch kein Alex-förmiges Loch darin.

Und ja, Marta sah enttäuscht aus.

»Du kannst nicht in ein *Seufzhorn blasen*«, sagte Caroline. »Es muss ein Seufzer sein. Echte Verzweiflung. Je verzweifelter du bist, desto größer ist der Windstoß, der herauskommt.«

»Das hast du dir einfach alles gerade so ausgedacht?«

Caroline zuckte mit den Schultern.

»Gerald wird diese Koboldlegionen ins Jenseits blasen!«, sagte Nate fröhlich.

»Genau!«, sagte Caroline.

Jenseits, dachte ich. *Das ist gut*.

Caroline sah mich an, zog eine Augenbraue hoch und nickte fast unmerklich. Ich wusste, dass sie dasselbe dachte.

»Was sind denn diese kleinen Pappstreifen?«, fragte Caroline und zeigte auf die Tischtennisplatte.

»Tragen«, sagte ich. »Für die Verwundeten. Die Sanitäter kommen gelaufen und bringen jeden raus, der verletzt ist.« Ich zeigte es ihr.

»Wir haben es mit einigen Amputationen von Gliedmaßen zu tun«, sagte Ellen, ohne von ihren winzigen mintgrünen Fäustlingen aufzusehen, die sie häkelte. »Natürlich auch mit ein paar Köpfen. Und einer großen Anzahl an Stichwunden.«

»Huch«, sagte Caroline. Sie wandte sich an Javier. »Du hast also die ganze Action bis jetzt gefilmt? Und ich werde diese Schlacht auf deinem Video basierend schreiben können?«

Er nickte.

Caroline umrundete die Platte. Der Rest von uns schaute zu.

»Ich bin begeistert«, sagte sie schließlich. »Dieses Buch brauchte eine epische Schlacht, und jetzt wird es eine bekommen. Ich danke euch allen so sehr dafür. Ich bin sprachlos. Einfach … sprachlos.«

Marta hechtete in eine Umarmung mit Caroline, die mehr aussah wie ein Football-Tackling. »Das wirst du nicht bereuen«, sagte sie immer wieder.

»Da bin ich mir sicher«, sagte Caroline, als sie sich aus Martas Umklammerung befreit hatte. »Aber jetzt sollten wir das Gemetzel endlich beenden, meint ihr nicht? Alex, die Ehre gebührt dir. Aber da das kein echtes *Seufzhorn* ist, musst du öfter als einmal seufzen.«

»Alles klar.«

Ich nahm das Horn und rückte so nah es ging an Gerald heran. Und dann gab ich alles, um die Kobolde ins Jenseits zu pusten..

KAPITEL 86

Tatsächlich pustete ich rein gar nichts ins Jenseits. Ich blies ein paar Legos und ein paar Playmobilfiguren ein paar Zentimeter weit über die Platte, und zwar auch nur ein paar von den kleineren. Ich pustete, bis mir schwindlig wurde, dann übernahm Marta. Als sie außer Atem war, benutzte Nate den Billardstock, um ganze Kolonnen von Geralds Feinden von ihm wegzustoßen, was sehr viel effizienter war.

Schließlich schafften wir es, alle gegnerischen Armeen von der anderen Seite der Platte hinunterzublasen und zu -stoßen. Gerald hatte gesiegt. Javier hörte auf zu filmen, und alle jubelten.

Nate legte den Billardstock weg und brachte das Netz wieder an der Tischtennisplatte an, während Marta, Javier und ich die Armeen wieder in ihre Kisten räumten. Und wenn du glaubst, dass Alvin keine besondere Ordnung dafür hatte, die wir genauestens wiederherstellen mussten, dann hast du bei den nicht übertriebenen Beschreibungen meines Bruders nicht gut aufgepasst. Marta und Javier stritten während der gesamten Prozedur über die korrekte Platzierung, und ich musste sie die ganze Zeit über Alvins bevorzugte Einräummethoden aufklären.

Nate sagte Caroline, sie solle jederzeit wiederkommen,

falls sie noch Hilfe zu Militärstrategien brauchte, und Ellen bot Ratschläge zu Speer- und Schwertverletzungen an. Die Kapitel *Faule Verschwörung* und *Das Schwebende Krankenhaus* in Buch 2 beweisen, dass Caroline sie beim Wort genommen hat.

Und der aufsteigende Vollmond über den *Weglosen Weiten* in Buch 1? Der die Schwierigkeiten, in denen sich Geralds Streitkräfte befinden, ans Licht bringt, gerade bevor Vern losfliegt, um einen schwarzen Raben zu finden? Der basiert auf Henrys Gesicht, das über der Tischtennisplatte hing und das Caroline aufgefallen war, als sie sich das Video angesehen hatte. Sie fand es großartig.

Caroline fuhr Marta, Javier, mich und die Kisten nach Hause. Erst ließ sie Marta raus, dann Javier.

Sobald wir alleine im Auto waren, sagte sie zu mir: »Die zwei sind Snarko und die Teufelin, oder?«

Ich hatte keine Ahnung, was ich sagen sollte, denn natürlich waren sie das, aber sollte ich das bestätigen?

»Du musst nicht antworten«, sagte Caroline, nachdem ich eine Weile mit meinem Sicherheitsgurt herumgespielt hatte. »Der unbehagliche Ausdruck auf deinem Gesicht sagt mir alles.« Sie fuhr eine Zeit lang weiter, dann fügte sie hinzu: »Sie wissen darüber aber Bescheid, oder?«

Ich nickte, obwohl Caroline geradeaus schaute und es nicht sehen konnte.

»Und es macht ihnen nichts aus?«

»Nein«, sagte ich. »Sie fühlen sich geschmeichelt. Aber …«

»Aber was?«, fragte Caroline.

»Sagen wir mal, das Buch wird verfilmt«, fing ich an.

»Ja, genau«, sagte Caroline und schnaubte auf eine so nicht erwachsene Art und Weise, für die ich sie gleich noch viel lieber mochte, als ich es sowieso schon tat. »Sagen wir das mal, nur so zum Spaß.«

»Wahrscheinlich wären sie ziemlich stur bei der Frage, wer wen spielt.«

KAPITEL 87

Wir näherten uns den letzten Schultagen, an denen niemand mehr wirklich bei der Sache war, wir aber immer noch weitermachen mussten. Wegen irgendwelchen gesetzlich vorgeschriebenen Schultagen pro Jahr, bla bla bla. Sogar die Lehrerinnen und Lehrer taten nur noch so, als ob.

»Wann ist das Buch denn fertig?«, fragte Marta während einer unserer letzten Mittagspausen des Schuljahres.

Die Kantine versuchte, die letzten Überreste vor den Sommerferien noch zu verwursten, und einige mutantenhafte Mischmasch-Gerichte wurden serviert. Heute aßen wir etwas, das aussah wie Szechuan-Nudeln mit kleinen Chicken-Nugget-Stückchen. Ein paar halbierte Weintrauben schwammen auch noch darin herum.

»Ja, wirklich«, sagte Javier und fischte die Traubenstückchen einzeln aus seinen Nudeln. »Der Rest ging so schnell. Sollte es nicht längst fertig sein? Ich will es mit in den Urlaub nehmen.«

Javiers Familie machte sich immer sofort nach Schuljahresende auf den Weg zum Strandurlaub, deshalb wurde die Zeit etwas knapp.

»Ich weiß nicht«, sagte ich. »Vielleicht ist das Ende zu schreiben viel schwieriger als der Rest.«

Nach allem, was ich wusste, stimmte das normalerweise

auch, aber nicht in Carolines Fall. Das Buch war fertig. Es lag auf meinem Schreibtisch und wartete darauf, dass ich die letzten Kapitel kommentierte. Es lag schon seit Tagen dort. Ich konnte mich nur nicht dazu bringen, es zu lesen.

Ein paar Wochen nachdem wir die Schlacht fertig gefilmt hatten, kam ich nach Hause und entdeckte Caroline mit meiner Mutter in der Küche.

»Alex«, sagte sie, als ich reinging, um mir ein Glas Wasser zu holen. »Ich hab schon auf dich gewartet.«

»Okay«, sagte ich. »Warum?«

»Ich bin fast fertig mit dem Buch«, sagte sie.

Meiner Meinung nach klang sie nicht so begeistert, wie sie hätte sein sollen. Ich tanzte manchmal einen echten Freudentanz, wenn ich einen fünf Seiten langen Aufsatz fertig geschrieben hatte, und sie war gerade dabei, ein dreihundert-irgendwas Seiten langes Buch zu beenden.

»Das ist super«, sagte ich.

»Ich weiß«, sagte sie. »Das ist es wirklich.« Sie strich sich die Haare aus dem Gesicht, obwohl da gar keine waren. »Können wir kurz alleine miteinander reden?«

»Klar«, sagte ich, drehte mich um und ließ sie und meine Mum über das sprechen, was sie auf dem Herzen hatte.

»Nein, Alex, warte«, sagte Caroline. »Ich meinte, mit dir. Können wir zwei kurz alleine miteinander reden?«

Ich schaute meine Mum an, die zuckte mit den Schultern und stand auf. »Ich habe sowieso ein bisschen Papierkram, den ich erledigen sollte«, sagte sie.

»Ich muss dir etwas sagen, aber es ist schwierig«, fing Caroline an, als Mum weg war.

Oh nein. Sie würde wieder zu *Gerald besucht Opa* zurückkehren, oder? Die Schlacht war ihr letztendlich doch zu brutal gewesen.

»Worum geht es denn?«, fragte ich und wappnete mich gegen Zucchini. Ich überlegte, ob das Buch schon weit genug war, sodass Javier, Marta und ich es selbst fertig schreiben konnten. Vielleicht mit ein bisschen Hilfe von Nate und Ellen. Und dem Ghostwriter – der Ghostwriter könnte es beenden …

»Ich bin fast fertig mit dem Buch, wie ich schon sagte«, erklärte Caroline. »Und ich musste eine schwere Entscheidung treffen.«

Ich hoffte wirklich, dass sie gerade nur etwas überdramatisch war und es nur darum ging, die Schriftart zu ändern. Obwohl mir Times New Roman gefiel.

»Worum geht es denn?«, fragte ich noch mal.

Warum spuckte sie es denn nicht einfach aus, anstatt mich derart auf die Folter zu spannen? Nur weil sie eine Schriftstellerin war, hieß das nicht, dass sie ihre Verwandten mit Cliffhangern nerven konnte, wann immer sie wollte.

Sie flocht ihr ganzes Haar zu einem Zopf. Ein schlechtes Zeichen.

»War es die Schlacht?«, schlug ich vor. »Zu brutal? Denn das könnten wir ein bisschen herunterfahren. Ich glaube, Ellen hat sich mitreißen lassen von den –«

Inzwischen sah es so aus, als wollte sich Caroline Prinzessin-Leia-Dutts machen, aber dann ließ sie ihre eingedrehten Haare los, seufzte tief und sagte: »Ich muss Opa töten.«

KAPITEL 88

»Was?«, brachte ich nur heraus.

Caroline blinzelte und schaute nach oben, als ob das die Tränen, die vielleicht kamen, zurückhalten würde. Funktioniert nicht. Das wissen wir alle.

»Ich sehe einfach keine andere Möglichkeit«, sagte sie. »Ich glaube wirklich, es muss so sein. Nichts anderes ergibt emotional gesehen Sinn.«

Ich hatte keine Ahnung, was »emotional gesehen Sinn ergab«, und es war mir auch egal. »Du kannst Opa nicht töten!«, sagte ich. »Gerald muss ihn befreien. Wenn Gerald ihn nicht befreit, war alles umsonst, und wenn er tot ist, kann er ihn nicht befreien.«

Ich schloss mein Plädoyer ab und lehnte mich ein Stück zurück. Diese Logik konnte sie nicht anfechten.

»Gerald hat Opa schon aus dem Zeitstrudel befreit«, versicherte sie mir. »Dieser Teil ist abgeschlossen. Die Aufgabe wurde erfüllt. Aber jetzt, wo sie erfüllt ist, muss sich Opa für Gerald opfern, damit Gerald als neuer Meister der Zaubertränke übernehmen kann. Gerald muss in der Parallelwelt bleiben und den Wiederaufbau anführen, nachdem der böse Zauberer besiegt wurde. Das ist die Grundvoraussetzung für Buch 2. Und das kann er nicht, wenn Opa weiterhin da ist.«

Buch 2? Wo kam auf einmal Buch 2 her? Sie war noch nicht mal ganz mit Buch 1 fertig und machte jetzt schon mit Buch 2 weiter?

Caroline schniefte und durchsuchte ihre Handtasche nach einem Taschentuch. Weit unten fand sie ein zerfleddertes. Sie war genau wie meine Mum, die eine ganze Bodenschicht von zerfledderten Taschentüchern in den Tiefen ihrer Handasche hatte. Ich hoffte, dass man von Alvin und mir nicht dachte, dass wir uns so sehr ähnelten wie Caroline und Mum.

Caroline tupfte ihre Nase ab. »Weißt du«, sagte sie, »der einzige Grund, warum ich angefangen habe, *Gerald besucht Opa* zu schreiben, war, weil ich Dad vermisst habe. Als Lulu und ich anfingen, über ein Baby nachzudenken, wünschte ich mir, dass er das miterleben würde. Ich wollte ein Buch über ein Kind und einen Opa schreiben. Für ihn.«

Sie weinte jetzt richtig, und plötzlich wollte ich mitweinen. Während Marta sich im Dominoeffekt erbrach, stellte sich jetzt also heraus, dass ich im Dominoeffekt weinte.

»Tut mir leid«, sagte ich und fragte mich, ob sie noch ein zerfleddertes Taschentuch da drin hatte.

Caroline sah mich mit nassen Augen an. »Was tut dir leid?«, fragte sie. »Das ist doch nicht deine Schuld.«

»Doch, ist es schon«, sagte ich. »Das ist alles meine Schuld. Du hast ein nettes Buch über ein Kind und einen Großvater geschrieben, in dem der Opa mit seiner Gewinner-Zucchini glücklich und zufrieden bis an sein Lebensende lebt, und dann kam ich daher und habe es zu etwas anderem gemacht, und jetzt wird Opa sterben. Ich hätte mich nicht einmischen sollen.«

Caroline lachte ein großes, tränenerfülltes, rotziges Lachen, was gleichzeitig eine Erleichterung, aber auch eklig war. »Mein nettes Buch über ein Kind und seinen Großvater wäre jetzt in irgendeiner Schublade, wenn du dich nicht eingemischt hättest«, sagte sie. »Dieses Buch wäre nicht weit gekommen.« Sie schnäuzte sich, glücklicherweise. »Und es ist immer noch ein Buch über ein Kind und einen Großvater. Am Ende ist es genau das. Ich wünschte, es könnte ein vollkommenes Happy End haben. Aber man kann eben nicht immer das kriegen, was man will, oder?«

Falsch! Wenn es jemals eine Gelegenheit gab, in der man *wirklich* das kriegen konnte, was man wollte, dann doch wohl in einem Buch, das man selbst schrieb? Wenn man *Brutale Butterblumen* und *Seufzhörner* erfinden konnte, konnte man sich dann nicht auch aus einem nutzlosen Tod herausschreiben?

»Lass mich darüber nachdenken, okay?«, sagte ich. »Vielleicht fällt mir etwas ein, wie es funktionieren kann, ohne dass Opa sterben muss. Kann ich es versuchen?«

Caroline griff über den Tisch nach meinen beiden Händen. Was ich nicht so gerne mochte, vor allem, weil sie ihr feuchtes Taschentuch in einer Hand zerknüllt hatte. Aber ich ließ es zu.

»Natürlich«, sagte sie. »Wenn sich irgendjemand eine Alternative ausdenken kann, dann du. Aber in der Zwischenzeit mache ich schon mal weiter. Ich will mit dem

Buch fertig werden, bevor das Baby kommt. Was schon bald ist.«

Ich nickte. »Ich sage dir Bescheid, wenn mir etwas eingefallen ist«, sagte ich.

Ich wusste ganz genau, dass mir nichts einfallen würde, das »emotionalen Sinn ergab«. Aber ich kannte jemanden, der das vielleicht konnte. Wenn schließlich jemand Opa von den Toten zurückbringen konnte, dann doch sicher ein Geist, oder?

KAPITEL 89

Ich verschwendete keine Zeit. Ich ging hinauf in mein Zimmer und riss ein Blatt Papier aus meinem Geschichtsheft, das noch viele leere Seiten hatte. Ich faltete es, steckte es in eine kleine Tasche, und dann rannte ich zur Alten Weintraub-Villa.

Es war gruseliger, alleine hierherzukommen, bemerkte ich, als ich drinnen war. Ich überlegte kurz, ob ich Javier holen sollte, aber ich hatte Sorge, dass ich dann vor ihm kein Wort über die ganze Opa-Situation herausbrachte, ohne einen Kloß im Hals zu bekommen. Ich erledigte das hier besser alleine – und schnell.

Ich eilte durch das Haus und hoffte, dass die Spinnenassel-Familie und der Geist draußen waren, um ein bisschen frische Luft zu schnappen.

Dann setzte ich mich an den Küchentisch und schrieb eine lange Nachricht an den Geist. Ich hatte kein Buch mehr für ihn zu lesen, deshalb erklärte ich die Situation so gut ich konnte. Ich benutzte sogar den Ausdruck »emotionalen Sinn ergeben«, obwohl ich mir nicht ganz sicher war, ob ich ihn auch wirklich hundertprozentig richtig verwendet habe. Am Ende der Erklärung schrieb ich:

»Gibt es irgendeine Möglichkeit, wie sich Opa für Gerald opfern kann, ohne dabei zu sterben?«

Was ich nicht hinzufügte: *Beide meine Opas sind tot, und ich will nicht auch noch diesen hier verlieren.* Aber ich dachte darüber nach, als ich nach Hause lief. Geralds Opa war ein toller Kerl, zumindest laut Carolines Rückblenden. Ich wollte nicht, dass er starb. Und es steckte sehr viel Nate in ihm. Sachen, die ich selbst vorgeschlagen hatte. Jetzt fühlte ich mich, als hätte ich Nate irgendwie in Gefahr gebracht, was lächerlich war, aber so war es eben.

Am nächsten Nachmittag und auch an dem darauf lief ich zurück zu der Alten Weintraub-Villa und hoffte, dass dem Geist irgendeine Möglichkeit eingefallen war, wie Opa gerettet werden könnte. Aber das Papier war immer noch genau so, wie ich es die letzten zwei Male zurückgelassen hatte. Am dritten Tag ohne Antwort gab ich auf und nahm die Nachricht wieder mit nach Hause. Ich hatte Angst, dass Marta in der Villa vorbeikommen und sie sehen würde, denn dann musste ich nicht nur erklären, warum ich nicht wollte, dass Opa starb, sondern auch, warum ich ihr und Javier nichts von dem tödlichen Ende erzählt hatte.

Und dann bekam ich die gefürchtete E-Mail von Tante Caroline:

»FERTIG!!!!«, stand da nur. Aber das war genug.

Ich druckte das Ende des Buches aus und legte es zu dem Stapel auf meinem Schreibtisch, ohne auch nur ein einziges der Wörter anzuschauen. Und dort ließ ich es liegen. Ich wollte es nicht einmal anfassen. Ich hatte das Gefühl, es würde mir einen Schock verpassen oder ich würde mich verbrennen, wenn ich es täte. Das war viel schlimmer, als ein Lesemuffel zu sein. Jetzt war ich ein Leser, der Angst davor hatte, weiterzulesen.

KAPITEL 90

Was mich zum Mittagessen und Szechuan-Nudel-Chicken-Nugget-Weintrauben-Auflauf (übrigens nicht zu empfehlen – keine Menge an Salz hätte ihn retten können) zurückbringt. Wir waren zum Dessert übergegangen, Dattel-Müsliriegel. Vermutlich eingefroren, seit sie damals im Herbst das erste Mal angeboten wurden und sie niemand wollte.

Javier war fertig damit, die Dattelstückchen aus seinem Müsliriegel zu picken, und arbeitete jetzt an den Walnüssen. Bald schon waren nur noch ein paar gefrorene Brösel übrig, die er unter keinen Umständen essen würde.

»Schick uns das Ende des Buches, sobald es fertig ist«, sagte er zu mir. »Ich darf kein Handy oder Tablet mit an den Strand nehmen, ich brauche also Zeit zum Ausdrucken, bevor wir losfahren.«

»Bei solchen Dingen kann man nicht so drängeln«, sagte ich, was auch stimmte, aber nicht so, wie sie wahrscheinlich dachten.

»Doch, kann man«, sagte Marta und kaute auf Javiers Bröseln herum. »Soll ich sie anrufen? Ich rufe sie an und sage ihr, sie soll mal ’nen Zahn zulegen.«

»Du kannst niemanden dazu zwingen, ein Buch fertig zu schreiben«, sagte Javier.

»Klar kann ich das«, sagte Marta mit düsterer Entschlossenheit, die mir Angst um meine Tante machte.

»Was willst du denn tun?«, fragte Javier. »Sie mit einer alten Fernseherantenne piksen?«

»Das, was eben getan werden muss«, sagte Marta. »Außerdem müssen wir dem Geist einen Ausdruck vorbeibringen. Er hat es auch verdient, zu wissen, wie das Buch ausgeht.«

»Gehst du immer noch dorthin?«, fragte Javier.

»In letzter Zeit eher nicht mehr so oft«, gab Marta zu. »Ich war damit beschäftigt, meinen Ellbogen wieder fit zu trainieren.«

»Hast du so diesen Riesenkratzer abbekommen?«

»Schwachkopf.«

Ich ließ sie streiten, während ich meine Möglichkeiten abwog. Marta hatte recht. Der Geist, ganz zu schweigen von Javier und Marta, verdienten es, zu wissen, wie das Buch endete. Niemanden von ihnen würde Opas Tod so schwer treffen wie mich. Sie hatten nicht meinen ganzen Großvater-Ballast. Für sie *würde* es vermutlich auch emotionalen Sinn ergeben. Ich musste Javier und Marta das Ende schicken. So viel war sicher.

Und wenn ich die Stelle, an der Opa starb, wirklich nicht lesen wollte, konnte ich sie fragen, wo sie war, und sie überspringen, oder? Ich wusste zufällig, dass mein Dad früher gern Stellen in Büchern übersprang, die er mir vorlas, als ich noch klein war. Er hatte erst letztens zugegeben, dass er das Ende eines meiner Lieblingsbücher beim

Vorlesen praktisch neu erfunden hatte, weil das Kind darin herausfand, dass seine Eltern die Zahnfee waren.

Wenn ich es also schaffte, den schlimmen Teil des Buches so zu isolieren wie Javier unliebsame Essensbestandteile, dann konnte ich darum herum lesen. So wüsste ich wenigstens, wie die Geschichte ausgeht, und könnte die letzten langweiligen Stellen ausbessern.

Meine andere Option war natürlich, mich einfach mit Opas Tod abzufinden und das Ende ganz zu lesen.

KAPITEL 91

Als ich an diesem Tag von der Schule nach Hause lief und mir ein Rülpser mit der unerfreulichen Kombination der Mittagessenszutaten aufstieß, dachte ich intensiv über meine Möglichkeiten nach. Und ich entschied, dass ich Caroline vertrauen musste. Ich musste mich darauf verlassen, dass, selbst wenn sie etwas geschrieben hatte, das mich traurig machen würde, sie eine so gute Schriftstellerin war, dass es sich trotzdem lohnen würde, es zu lesen.

Als ich also zu Hause ankam, setzte ich mich an meinen Schreibtisch und blätterte in dem Papierstapel zu dem neuen Teil. Da erst wurde mir klar, wie viel ich überhaupt noch lesen musste. Ich legte den Stapel zur Seite und klappte meinen Laptop auf. Zuerst würde ich Javier und Marta das Ende schicken, denn ich brauchte ein bisschen Zeit, um es selbst zu lesen. Ich gab ihnen strikte Anweisungen, mir nichts über das Ende zu verraten: NICHT SPOILERN!, schrieb ich. EGAL WAS.

Dann, ich will ganz ehrlich sein, habe ich noch ein bisschen im Internet herumgesurft, da der Laptop ja sowieso schon einmal hochgefahren war. Das Kind, das Obst auf seinem Gesicht balancierte, machte nun damit weiter, sein Gesicht auf Obst zu balancieren, was mich eine Weile beschäftigte.

Schließlich atmete ich tief ein, biss die Zähne zusammen und fing an, das Buch zu lesen. Ich las das Schlacht-Kapitel, das nicht viel Neues für mich bereithielt, da ich ja schon wusste, wie es ausgehen würde. Und bei aller Bescheidenheit muss ich sagen, dass die Schlacht das Buch wirklich viel spannender machte. Ich las, wie Gerald und Snarko und die Teufelin das Wehr fanden und sich eine Strategie ausdachten, um Opa aus dem Zeitstrudel zu befreien.

Und dann war es Zeit zum Abendessen.

Nach dem Abendessen kehrte ich zu dem Buch zurück und machte mich noch mal auf das Schlimmste gefasst. Aber Opa kam in dem nächsten Kapitel überhaupt nicht vor. Es hieß *»Das Waldfest«*, und es ging um das große Abendessen, das Gerald mit all seinen Gefährten und Freunden im Wald feierte, bevor er versuchte, Opa zu retten. Es war ein sehr lustiges Kapitel mit vielen seltsamen Gästen und noch seltsamerem Essen, aber Caroline hatte ein paar eindeutige Fehler bei der Sitzordnung gemacht.

Ich zückte meinen *Rotstift der Sitzordnung* und fertigte eine Skizze an, um sicherzugehen, dass niemand mit Stacheln zu nahe an jemandem saß, der aus Blasen bestand. Und dass diejenigen mit Tentakeln genug Ellbogenfreiheit hatten. Und ich musste die Stelle umschreiben, an der jemand ohne Gliedmaßen Messer und Gabel benutzte. Offensichtlich hatte sich Tante Caroline beeilt, als sie das eingebaut hatte.

Dann beschloss ich, dass ich versuchen sollte, ein paar

von den Gerichten, die sie beschrieb, zu kochen. Nur um sicherzugehen, dass sie auch schmeckten. Es war dasselbe wie mit den Stunts, nur viel einfacher.

Der Tartbeerentee war ziemlich gut (ich habe die Tartbeeren mit Himbeeren ersetzt, weil Tartbeeren, soweit ich weiß, erfunden sind). Die Butterbrötchen waren etwas trocken, aber das war meine Schuld, weil ich sie ein bisschen zu lange im Ofen gelassen hatte. Der Sumpfeintopf war allerdings schrecklich. Nicht mal mein Dad wollte noch einen Löffel davon essen, und wir nannten ihn aus gutem Grund einen menschlichen Müllschlucker.

Es dauerte also ein paar Tage, bis ich mit dem Waldfest durch war. Was, zugegeben, hauptsächlich mit Aufschieben und nichts mit korrekten Kochrezepten zu tun hatte. Aber wenn Caroline wollte, dass etwas emotionalen Sinn ergab, sollte dann nicht auch das Essen Sinn ergeben? Nicht einmal ein Haufen Hinterwäldler-Sumpfgeschöpfe konnte diesen widerlichen Eintopf bei einem Fest servieren und damit durchkommen.

Das nächste Kapitel hieß *»Befreiung auf dem Fluss«*, und hier schlichen sich Gerald, Snarko und die Teufelin endlich in das Wehr und überlisteten den Zauberer und befreiten zu guter Letzt Opa. Der ziemlich gut drauf war, wenn man die Umstände betrachtete. Das Wiedersehen war berührend, und der Sieg fühlte sich nach Geralds – meinen! – ganzen Aufgaben und Mühen gut an. Jetzt mussten sie nur noch aus dem Wehr herauskommen und nach Hause gehen. Oder? Das war doch gar nicht so schwer.

Unglücklicherweise war die Überschrift des nächsten Kapitels *»Selbstaufopferung«*.

Mist.

Ich platzierte die Seiten wieder auf dem Stapel, achtete darauf, dass der Rand bündig war, und legte ihn weg. Es gab vor den Ferien noch ein paar letzte Hausaufgaben zu erledigen. Ich glaube nicht, dass ich jemals zuvor in meinem Leben so froh über ein paar mathematische Probleme war.

KAPITEL 92

Der letzte Schultag kam und ging. Javier fuhr für eine Woche mit seiner Familie an den Strand, und Marta fing mit dem Zirkus-Ferienlager an, von dem sie behauptete, dass es am nächsten an ein Romanfigur-Stunt-Double-Ferienlager herankäme. Keiner von beiden hatte mir auch nur ein Wort vom Ende des Buches verraten.

Normalerweise ging ich während der Sommertage ins Fußballcamp, hauptsächlich, um mich nicht mit meiner Mutter in die Haare zu kriegen, während sie arbeitete. Aber diesmal probierte ich etwas Neues aus: einen Ferienjob am Empfang des Seniorenzentrums. Nate hatte das für mich organisiert, als ich einmal erwähnte, dass nie jemand dort saß. Er sagte, sie hätten auf den richtigen Freiwilligen gewartet, und danke, dass du das übernimmst, Albert.

Hier war ich also eines späten Nachmittags an einem der ersten Tage der Sommerferien im Seniorenzentrum, ließ mir gerade einen frischen Chocolate Chip Cookie schmecken und sammelte erste wertvolle Arbeitserfahrung, als eine Nachricht von meiner Mutter kam.

Komm sofort nach Hause!, stand da.

Sie musste gewusst haben, dass ich gleich besorgt in Schweiß ausbrechen würde, denn es kam sofort noch eine Nachricht hinterher.

Nichts passiert.

Ich verabschiedete mich von den Senioren und radelte nach Hause.

Mum war schon im Auto, als ich ankam. »Lulus Fruchtblase ist geplatzt«, sagte sie durch das offene Fenster. »Und Caroline ist ohne Auto auf der Arbeit. Also muss ich Lu ins Krankenhaus fahren. Dad ist schon auf dem Heimweg, aber er braucht vielleicht noch ein bisschen. Wirf ein Auge auf Alvin, bis Dad heimkommt, okay? Danke dir!« Sie winkte und fuhr davon.

Mum musste Lulu ins Krankenhaus fahren, weil ihre Wasserfrucht geplatzt war? Hatte sie etwa eine Wassermelone fallen lassen und sich dabei wehgetan? Vielleicht war ihr die Wassermelone auf den Zeh gefallen und hatte ihn zerquetscht? Aber hätte meine Mum in diesem Fall nicht gesagt, sie hätte ihren Zeh gequetscht? Ich stellte mein Fahrrad in der Garage ab und ging ins Haus. Egal, was passiert war, Mum kümmerte sich darum.

Eine Weile lief ich im Haus herum und genoss das Gefühl, die Verantwortung zu haben. Dann ging ich nach oben, um nachzusehen, was Alvin so trieb.

Was er jedenfalls schon mal nicht tat, war lesend auf dem Bett herumzuliegen. Komisch. Wo sollte er sonst sein? Die offensichtlichste Antwort war: in meinem Zimmer, wo er vermutlich meine Sachen durcheinanderbrachte, solange er die Gelegenheit dazu hatte. Ich marschierte hinein, bereit, zu kämpfen. Aber hier war er auch nicht.

Ich rief ein paarmal seinen Namen. Keine Antwort.

Ich sah aus dem Fenster in den Hinterhof, erwartete aber nicht, ihn draußen zu sehen. Tat ich auch nicht. Im Keller? In der Garage?

Ich schaute in beidem nach, bevor ich zu dem Schluss kam, den ich versucht hatte zu ignorieren. Alvin war nicht da.

KAPITEL 93

Alvin ging nie irgendwohin, wenn er nicht musste. Und meine Mum hatte ihm verboten, alleine durch das Viertel zu laufen – mit seinen acht Jahren hatte er immerhin schon eine Menge Geschichten vorzuweisen, in denen er nur in seinem Zimmer schon in Schwierigkeiten geraten war. Wo war er also ohne Erlaubnis hingegangen, während Mum sich fertig gemacht hatte, um Lulu ins Krankenhaus zu fahren?

Ich sah noch mal im ganzen Haus nach, weil ich wusste, dass ich oft in Panik verfiel, wenn ich dachte, dass etwas – wie mein Handy oder mein Rucksack oder die Hausaufgaben vom Vortag – weg war, obwohl es gar nicht weg war. Aber mein Bruder war definitiv weg.

Ich sah mich in seinem Zimmer nach Hinweisen um. Vielleicht brauchte er etwas für eines seiner Experimente, wofür er das Haus verlassen musste. Aber es gab kein Anzeichen dafür, dass er da drin an etwas gearbeitet hatte. Nicht einmal ein Buch lag auf seinem Bett.

Dann sah ich in meinem Zimmer nach. Vielleicht hatte er etwas kaputt gemacht und war aus dem Haus geschlichen, um sich vor meinem Zorn zu verstecken. Aber Alvin hatte nicht genug Angst vor meinem Zorn, um deswegen das Haus zu verlassen. Das wusste ich.

Ich wollte gerade schon aufgeben und Dad anrufen, als ich fand, wonach ich gesucht hatte. Einen Hinweis. Einen subtilen orangen Hinweis.

Carolines Buch lag auf meinem Schreibtisch. Es sah fast so aus, wie ich es hinterlassen hatte, als ich vor ein paar Tagen aufgehört hatte zu lesen. Aber nur fast. Da waren zwei Papierstapel, ein großer und ein kleiner. Auf dem kleinen Stapel lag das *»Selbstaufopferung«*-Kapitel obenauf, das mich immer noch bedrohlich anstarrte. Aber es gab einen Unterschied. Die erste Seite dieses Kapitels hatte orange Fingerabdrücke darauf. Das waren nicht meine Fingerabdrücke. Ich war nicht derjenige, der beim Lesen immer zwanghaft Käse-Nachos aß.

Er hätte genauso gut ein neonoranges Schild hinterlassen können, auf dem stand: ALVIN WAR HIER.

Alvin hatte Carolines Buch gelesen, und jetzt war er weg.

Ich ließ mich auf meinen Schreibtischstuhl fallen und dachte darüber nach, was das bedeutete. Dann fiel mir mein Versprechen wieder ein, das ich ihm gegeben hatte, als wir seine Legos ausleihen wollten. Dass er den nächsten Stunt machen könnte. Ich dachte, es gäbe keine Stunts mehr, aber das wusste ich natürlich nicht mit Sicherheit, weil ich das Buch noch nicht fertig gelesen hatte. Ich blätterte auf die letzte Seite. War ja klar: noch mehr Käse-Nacho-Fingerabdrücke. Er hatte es zu Ende gelesen.

Ich konnte nur annehmen, dass er dabei einen Stunt

entdeckt hatte, und als Mum den Anruf von Lu bekam, hatte er seine Chance genutzt.

Die einzige Möglichkeit, herauszufinden, was dieser Stunt war und wo Alvin jetzt sein könnte, bestand darin, das Buch zu Ende zu lesen.

KAPITEL 94

Der ehemalige Lesemuffel war jetzt ein schreckhafter, schaudernder, gehetzter Leser, als er sich durch das Kapitel fraß, das er so lange aufgeschoben hatte. Vielleicht war es, wie wenn man ein Pflaster abzieht, je schneller, desto besser, auf jeden Fall brachte ich Opas Todesszene hinter mich, ohne auch nur ein Mal zu schniefen.

Der Zauberer hatte Gerald und Opa bei Opas Haus eingeholt, sie beide praktisch in den Windschatten gestürzt und sie so in ihre eigene Welt zurückgeschickt. Dann hatte er den Windschatten zerstört, und sie waren in ihrer Welt gestrandet. Lustigerweise war der einzige Weg, auf dem sie in die Parallelwelt zurückkehren konnten, ein versteckter Windschatten, den Opa irgendwann einmal geschaffen hatte. Und der befand sich in einem Abflusskanal. Meine Idee von ganz am Anfang, dass Gerald der Frosch in einen Gully fällt, hatte also doch noch Verwendung gefunden. Obwohl ich sie Caroline gegenüber nie erwähnt hatte. Ich war eben doch ein Genie.

Gerald und Opa hatten es geschafft, in den Gully-Windschatten zu rutschen und für einen letzten Showdown mit dem Zauberer in die Parallelwelt zurückzukehren. Und als der Zauberer einen Todesfluch in Geralds Richtung geschossen hatte, hatte Opa sich zwischen Gerald und den

Zauberer geworfen und statt seines Enkels den Fluch abbekommen.

Schlimm, oder? Heldenhaft, aber schlimm. Ich wäre definitiv traurig gewesen, wenn ich angehalten und darüber nachgedacht hätte. Aber sobald ich am Ende des Kapitels angelangt war, wusste ich, was Alvin vorhatte.

Ich weiß nicht, wie gut du dich mit Gullys in deinem Viertel auskennst, aber Alvin und ich kannten die in unserem ziemlich gut. Wir hatten immer viel Spaß dabei, Kieselsteine reinzuwerfen und sie im dunklen Wasser darunter *ploppen* zu hören. Die meisten Abflussgitter sind so nahe an den Bordstein gebaut, dass es einem Opa und sogar einem Jungen ganz und gar unmöglich wäre, in sie hineinzuschlüpfen. Ich bin mir sicher, dass das so gewollt ist. Niemand will, dass Leute zufällig in einen Gully fallen.

Auf den ersten Blick war Carolines letzter Stunt also unmöglich. Gerald und Opa würden durch keinen Gullydeckel hindurchpassen. Ihn als einen Ersatz-Windschatten zu benutzen, ergab gar keinen Sinn. Das wusste ich, und ich denke, Alvin wusste das auch.

Nur dass es da vielleicht – *vielleicht* – einen Gully gab, der doch groß genug war. Und zwar der beim Fußballfeld zwischen unserem und Javiers Haus. Der Bordstein war dort ziemlich hoch und das Gitter niedrig. Es gab eine relativ große Öffnung. Und wenn ich dieses Kapitel gelesen und mich gefragt hätte, ob Carolines Idee wirklich funktioniert, dann wäre ich dorthin gegangen, um es auszuprobieren.

Ich verschwendete keine Zeit damit, Dad einen Zettel zu schreiben oder irgendeine andere rationale Entscheidung darüber zu treffen, wie ich weiter vorgehen würde. Ich knallte die Haustür zu und rannte los.

KAPITEL 95

Normalerweise laufe ich nicht auf Zeit. Aber ich bin mir ziemlich sicher, dass ich es in Rekordzeit zum Fußballfeld schaffte, und als ich in Sichtweite des Gullys kam, war ich völlig abgehetzt. Ich blieb stehen, um wieder zu Atem zu kommen und die Gegend abzusuchen. Aber ich entdeckte keine einzige Person war auf dem Feld oder auf dem Joggingpfad, der es umrundete. Der Himmel war bewölkt, und dann fing es auch noch an, diese dicken, fetten Tropfen zu regnen, die bedeuten, dass man gleich pitschnass sein wird.

Zuerst sah es so aus, als wäre niemand in der Nähe des Abflussgitters, der Maß nahm oder was auch sonst immer tat. Aber das war nur so, weil ich nach einer Person Ausschau hielt, die *bei* dem Gully *stand*. Und nicht *daraufsaß*. Oder irgendwie drauf*lag*. Aber genau das war es, was Alvin tat. Jetzt, da ich auf Bordsteinhöhe genauer hinsah, konnte ich ihn erkennen. Er lag auf dem Abflussgitter und winkte mir zu.

Ich rannte hinüber, bereit, ihm ganz schön was zu erzählen von wegen weglaufen und Mum nichts sagen und auf dreckigen Gittern herumliegen. Danach plante ich, weiter ins Detail zu gehen, was das Betreten meines Zimmers anging, wenn ich nicht zu Hause war, ein Buch zu lesen, das ich ihm verboten hatte zu lesen, und überall seine Käse-Nachos-Fingerabdrücke zu hinterlassen.

Aber als ich nahe genug bei ihm war, um mit dem Anschreien anzufangen, konnte ich es nicht. Er war von Kopf bis Fuß mit Schmutz überzogen, mit beiden Beinen stand er halb in dem Abflussgitter und – was das Entscheidende war – er steckte offensichtlich darin fest.

Mist.

»Gott sei Dank bist du hier«, sagte er und setzte sich so gut es ging hin. »Ich hab meine Beine halb reinbekommen, aber jetzt krieg ich sie nicht mehr raus. Siehst du?« Er zeigte auf seine Beine für den Fall, dass ich visuelle Unterstützung brauchte. »Ich glaube, Opa wird eine schleimige Substanz irgendeiner Art zusammenbrauen müssen. Mit deren Hilfe könnte Gerald dann hier reinrutschen. Obwohl ich mir ziemlich sicher bin, dass Opa da niemals durchpassen wird. Außer er hat superdünne Beine. Hat Opa superdünne Beine? Ich glaube nicht, dass das erwähnt wurde, falls es so ist. Du hast nicht zufällig irgendwas Glitschiges dabei? Ein bisschen Butter oder Olivenöl? Oder Seife. Seife könnte auch funktionieren. Flüssigseife wäre am besten.«

Ich stand über ihm, die Hände in die Hüften gestemmt. »Ich bin aus dem Haus gerannt, um dich zu suchen. Ich habe nicht angehalten, um Seife mitzubringen. Obwohl du die wirklich gut gebrauchen könntest. Schau dich mal an – du bist ganz dreckig!« Und nur so, um das einmal festzuhalten: Ich klang genau wie unsere Mum, als ich das alles sagte.

Alvin zuckte mit den Schultern. »Du hast mir versprochen, dass ich den nächsten Stunt machen darf. Weißt du noch?«

»Ja, das weiß ich noch«, sagte ich. »Aber ich hab nichts davon gesagt, dass du den alleine machst. Habe ich etwa irgendeinen von den anderen Stunts alleine gemacht? Nein, habe ich nicht. Und warum? Weil das blöd, gefährlich, dumm, idiotisch und blöd ist!«

»Du hast zwei Mal *blöd* gesagt.«

KAPITEL 96

Ich ballte die Fäuste, um mich davon abzuhalten, Alvin an den Ohren aus dem Gully herauszuziehen und, falls nötig, alles unterhalb seiner Knie zurückzulassen. Zur Beruhigung atmete ich einmal tief durch und kniete mich dann hin, um mir ein genaueres Bild von seiner misslichen Lage zu machen. Was musste ich tun, um ihn dort herauszubekommen? Bestimmt war es nur eine Frage von fortgeschrittener Physik. Zu dumm, dass wir fortgeschrittene Physik erst in der Highschool hatten.

»Ich glaube, wenn du deine Beine zur Seite drehst, dann –«, fing ich an.

»Das hab ich schon ausprobiert«, sagte Alvin. »Ich hab alles schon ausprobiert. Ich glaube, wir brauchen eine Rettungsschere. Du weißt schon – dieses Gerät, um Leute aus verbeulten Autos herauszukriegen. Ich glaube, das ist das Utensil, das diese Situation erfordert.«

Er sah mich erwartungsvoll an, als hätte ich eine Rettungsschere in meiner hinteren Hosentasche.

»Wenn ich nicht mal Seife mitgenommen habe, wie kommst du dann auf die Idee –«

»Ich weiß, dass du keine hast. Nur Rettungskräfte haben so etwas. Du wirst den Notruf wählen müssen. Hast du dein Handy dabei?«

Natürlich hatte ich mein Handy dabei. Ich hatte mein Handy dabei, so wie ich Hosen anhatte.

»Wir wählen nicht den Notruf«, sagte ich. »Das ist nur für ernsthafte Notfälle. Glaub mir, das weiß ich.«

»Vielleicht können wir ein Polizeiauto heranwinken«, schlug Alvin vor. »Aber wir können uns nicht mehr ganz so viel Zeit lassen. Es regnet. Wir werden ja total nass.«

Wenn du glaubst, dass Alvin während dieser Diskussion, vor allem im Vergleich zu mir, ziemlich ruhig war, dann hast du damit völlig recht. Alvin hatte schon öfter in der Klemme gesteckt – im übertragenen und auch im wörtlichen Sinn. Worin Alvin im Laufe der Jahre überall schon mit dem Kopf stecken geblieben war, würde dich überraschen. Er hatte vor kaum etwas Angst.

Eine Sache gab es da allerdings, vor der er Angst hatte. Eine Sache, die er wirklich hasste und die ihn erschreckte. Und unglücklicherweise, für beide von uns, kam genau diese eine Sache jetzt auf uns zu.

KAPITEL 97

Der Himmel hatte sich verdunkelt, der Regen war heftiger geworden, und ein starker Wind hatte entschieden, dass genau jetzt ein guter Zeitpunkt dafür wäre, den Regen waagerecht über das Fußballfeld zu peitschen.

Der Regen pflasterte uns die Haare an die Köpfe und durchweichte unsere Kleidung. In der Zwischenzeit versuchte Alvins Gully seinen Sinn und Zweck zu erfüllen, scheiterte aber größtenteils. Dreckiges Abwasser floss darauf zu, aber anstatt hineinzufließen, wirbelten das Wasser und der darin schwimmende Schmutz um einen großen Pfropfen namens Alvin herum. Das alles verhieß nichts Gutes.

Dann hörten wir ein lautes Grollen.

»War das ein vorbeifahrender Lastwagen?«, fragte Alvin nervös. »Ich glaube, das war ein vorbeifahrender Lastwagen, der durch ein Schlagloch gefahren ist. Oder ein Zug. Fahren Züge durch Schlaglöcher?«

Es war kein Lastwagen oder Zug, der durch ein Schlagloch gefahren war. Wir wussten beide, dass es ein Donnergrollen war. Und dass Donner von Blitzen begleitet wurden. Und dass Blitze das Einzige waren, wovor Alvin Angst hatte.

Aus gutem Grund. Die Angst vor Blitzen ist nicht eine

dieser irrationalen Ängste, wie zum Beispiel die Angst vor Clowns. Es kommen keine roten Balken zur Warnung unten im Fernsehen, wenn Clowns in der Gegend gesichtet werden. Niemand sagt einem, sich sofort in Sicherheit zu bringen, wenn man einen Clown am Horizont auftauchen sieht. Blitze sind ein komplett rationaler Grund für Angst. Ich war selbst kein großer Fan von ihnen.

»Ich glaube, es war ein Lastwagen«, log ich. »Konzentrier dich lieber darauf, dich herauszuwinden, okay? Du weißt doch, was Dad immer sagt: ›Wenn du hineinkommst, kommst du auch wieder heraus.‹«

Er nickte, aber dann leuchtete der Himmel auf.

Doppelter Mist.

Mit diesem Blitz, der definitiv nicht von einem Lastwagen gekommen war, verlor Alvin sofort und komplett die Fassung.

»Hol mich hier raus. Schnelllllll!«, heulte er auf und fing an, sich zu winden und um sich zu schlagen und nach mir zu greifen, als würde er ertrinken.

»Alvin«, rief ich über den Donner hinweg, der dem Blitz folgte, »du musst stillhalten. Ich glaube, dass der Regen dabei hilft, deine Beine zu befreien, aber du musst sie zur Seite drehen, okay? Kannst du das tun?«

Er nickte, und seine nassen Gollum-Hände ließen meine Unterarme los.

»Gut. Dann dreh jetzt zuerst dein rechtes Bein. Ungefähr um neunzig Grad.« Alvin mochte Dinge, die in Grad ausgedrückt werden konnten. »Hast du's? Okay. Entspann dein Bein. Lass es richtig locker. Ich werd jetzt ganz, ganz langsam ziehen …«

Ich glaube, dass ich dieses erste Bein herausbekommen hätte, wenn nicht ein Blitz, der aussah, als wäre Zeus ziemlich sauer, genau in diesem Moment den Himmel durchzuckt hätte. Alvin und ich schrien gleichzeitig los. Dann sah mein kleiner Bruder mit seinen großen, verängstigten Augen zu mir auf und heulte: »Alex, du musst den Notruf wählen. Jetzt!«

KAPITEL 98

Ich wollte wirklich, wirklich nicht den Notruf wählen. Das weißt du schon. Was du nicht weißt, ist, warum.

Der Grund, warum ich es hasste, den Notruf zu wählen, war eine ganz andere Geschichte, wie ich vielleicht schon ein- oder zweimal erwähnt habe. Eine Geschichte, die mit dieser hier gar nichts zu tun hat.

Nur, wie Caroline sagen würde, diese Geschichte ergibt ohne die andere emotional keinen Sinn. Denn wenn du nicht weißt, warum ich es hasste, den Notruf zu wählen, wirst du in etwa so etwas von mir denken: Warum hat dieser Junge Angst davor, einfach den Notruf zu wählen, wenn sein kleiner Bruder in einem Gully feststeckt und es gefährlich und schrecklich blitzt?

Hier ist also die andere Geschichte. Du zwingst mich dazu, sie zu erzählen.

Es passierte, als ich zehn war, zu der Zeit, als ich noch von einem Ort zum anderen ging, anstatt zu laufen. Ich hatte gerade erst mein erstes Handy bekommen, was *nur für Notfälle* war, wie mir meine Eltern wieder und wieder einschärften. Mein Dad, der eine dieser Aufkleber-Maschinen hat, die nur Leute benutzen, die krankhaft organisiert sind, hatte sogar einen Aufkleber daraufgeklebt, auf dem stand NUR FÜR NOTFÄLLE.

Ich ging gerade von der Schule nach Hause, als ich ein Auto bemerkte, das mir langsam folgte. Ich wusste, dass Fremde gefährlich sein konnten und all das. Ein Auto, das mir langsam folgte, war also definitiv ein Warnsignal.

Ich fing an zu laufen und lief weiter, bis ich an eine Hauptstraße mit viel Verkehr kam und auf die Ampel warten musste. Das Auto, das mir gefolgt war, fuhr über die Kreuzung und hielt am Straßenrand.

Ich war erst zehn, nicht vergessen, die Sachen, die ich dachte und tat, waren also nicht vollkommen logisch.

Ich sah, wie das Auto an den Straßenrand fuhr, dachte, dass irgendwelche Entführer mir dort auflauerten, und geriet in Panik. Anstatt umzudrehen oder die Straße zu überqueren, holte ich mein *Nur-für-Notfälle* Handy heraus und wählte den Notruf.

»Ich glaube, jemand versucht, mich zu entführen«, sagte ich zu der Person am anderen Ende.

Sie sagte, dass ein Einsatzwagen genau um die Ecke war. Gefühlt vergingen Stunden, und ich war drauf und dran, mir in die Hose zu machen aus Angst davor, dass die Entführer die Geduld verlieren und aus dem Entführerauto springen würden, um mich zu schnappen. Aber ich blieb, wo ich war, denn das hatte mir die Notruf-Frau gesagt.

Dann tauchte ein Polizeiauto auf. Die Beamtinnen stiegen aus und fragten, ob ich der Junge sei, der den Notruf gewählt hatte. Ich bestätigte, dass ich das war, und ich bin mir sicher, dass ich wirklich erschrocken geklungen haben muss, als ich das Entführerauto und seine verdächtige Fahrweise beschrieben habe. Sie waren geduldig und nett zu mir und sagten, dass sie einmal nachsehen würden.

Die Beamtinnen gingen hinüber und sprachen mit der Person im Auto. Es sah mehr wie ein Gespräch und nicht wie eine Festnahme aus. Dann kam eine von ihnen wieder zu mir zurück. Und auf ihrem Rückweg sah sie nicht mehr so geduldig und nett aus wie vorher.

»Ist dein Name Alex Harmon?«, fragte sie mich.

Ich sagte Ja.

»Und ist das dein Schulranzen?«

»Was?«

»Ist das dein Schulranzen, den du da trägst? Der auf deinem Rücken«, erklärte sie genauer, als ich weiterhin verständnislos schaute.

Ich nahm ihn herunter und schaute ihn mir genauer an. Das war nicht mein Schulranzen. Er sah nur so aus wie meiner. »Ähm, nein. Ich glaube nicht.«

Sie streckte eine Hand aus, und ich gab ihr den Schulranzen, der nicht meiner war. »Warte hier«, sagte sie. Sie trug den Schulranzen hinüber zu dem Entführerauto und reichte ihn hinein. Dann reichte ihr, wer auch immer in diesem Auto war, einen sehr ähnlichen Schulranzen heraus – meinen.

KAPITEL 99

Das Entführerauto war das Auto von Caleb A.s Mutter. Caleb A. hatte einen ähnlichen Schulranzen wie ich, den ich aus Versehen genommen hatte, als ich aus der Schule ging. Mrs. A. war mir langsam gefolgt, weil sie mir nicht aus dem Auto heraus zurufen und mich damit erschrecken wollte.

Alles ein großes Missverständnis.

Was in Ordnung gewesen wäre, nur dass die Polizeibeamtinnen anscheinend dachten, dass ich einen Vortrag darüber nötig hätte, wie man sein persönliches Eigentum richtig erkannte und wie man zwischen gefährlichen Autos und den Autos der Mütter von Klassenkameraden unterschied.

Ich konnte fühlen, wie mir die Hitze rot in den Nacken und das Gesicht schoss, als sie mit ihren autoritären Stimmen auf mich einredeten. Ich konnte fühlen, wie sich ein Loch in meinem Magen auftat. Ich starrte die echten, funktionstüchtigen Pistolen in den Holstern an ihren Gürteln an, und die Handschellen und all die andere Ausrüstung, die sie bei sich trugen. Ich hatte riesige Angst, dass sie mich festnehmen würden. Als sie endlich mit ihrem Vortrag fertig waren, hatte ich längst aufgehört, zuzuhören, und war den Tränen nahe. Noch nie in meinem

Leben hatte ich mich so schuldig gefühlt – das eine Mal, als ich Alvin während meiner Vampirphase in den Nacken gebissen und zum Bluten gebracht hatte, eingeschlossen.

Als die Polizistinnen außer Sichtweite waren, warf ich mir meinen Schulranzen über die Schulter und rannte den restlichen Weg nach Hause.

Ich habe meinen Eltern oder irgendwelchen Freunden nie erzählt, was passiert war. Ich fühlte mich zu schuldig und zu dumm, und ich hatte Angst, dass ich vielleicht weinen müsste, wenn ich versuchte, darüber zu reden. Ich fürchtete wochenlang, dass die Polizei anrufen oder bei uns zu Hause vorbeikommen würde, um alles meinen Eltern zu verraten. Außerdem war ich so schreckhaft geworden, dass ich jedes Mal, wenn ich ein Auto hinter mir herfahren hörte, losrannte. Niemand konnte sich an mich heranschleichen, wenn ich schon rannte. Und sogar nachdem ich aufgehört hatte, schreckhaft zu sein, lief ich weiter. Inzwischen fühlte es sich schon normal an, sogar gut. Außerdem war es sehr viel schneller als Gehen.

Das sind also zwei Hintergrundgeschichten für den Preis von einer: die Geschichte, warum ich alles, was mit dem Notruf zu tun hat, hasste, und die Geschichte, warum ich überallhin lief. Psychologisch komplex war ich bestimmt nicht. Aber dafür wahrscheinlich für mein ganzes Leben traumatisiert.

KAPITEL 100

Ich hoffe, meine frühe Erfahrung mit Hilferufen erklärt, was ich als Nächstes tat. Nämlich nicht, den Notruf wählen, um Alvin mit professioneller Hilfe aus dem Gully zu befreien. Ich hatte große Angst davor, dass sonst ein paar Polizeibeamte – vielleicht sogar dieselben wie damals – mit heulenden Sirenen ankommen und uns für den Einbruch in ein Regierungsgitter zurechtweisen würden. Ich stellte mir vor, wie sie unsere Namen aufschrieben und sagten, *Wir sehen euch Jugendstraftäter vor Gericht*, bevor sie sich auf den Weg zu einem echten Notfall machten. Und wie sie uns im Weggehen vielleicht noch eine Flasche Flüssigseife zuwarfen, wenn sie großzügig waren.

Anstatt also den Notruf zu wählen, sagte ich zu Alvin: »Ich hab eine Idee. Zieh deine Schuhe aus. Dann können wir deine Füße ohne sie rausziehen.«

»Das wird nicht funktionieren«, sagte Alvin. »Nicht meine Füße stecken fest, sondern meine Beine. Ich glaube, ich hab einen Wachstumsschub in den Beinen gehabt, seit ich sie hier reingesteckt hab.«

Das war natürlich absurd, aber meine Idee mit seinen Schuhen auch. Auf der ich beharrte, weil ich fanatisch und verzweifelt war. »Tu einfach, was ich sage, und schlüpf aus den Schuhen raus!«

»Ich kann nicht«, sagte Alvin. »Ich stecke zu sehr fest, um mich richtig bewegen zu können.«

Ich ging in den Verärgerter-Dad-Modus über, still und vermeintlich ruhig. Ich legte mich auf das Gitter neben Alvin und langte in den Gully. Mein Gesicht war auf derselben Höhe mit dem Schmutz, der um Alvins Hintern kreiste. Und auch mit Alvins Hintern. Ich schaffte es, einen seiner aufgeweichten Turnschuhe zu fassen zu kriegen, und zog ihn von seinem Fuß. Triumphierend holte ich ihn heraus und stellte ihn neben das Gitter. Dann steckte ich den Arm wieder hinein, um Alvin auch noch den zweiten Schuh auszuziehen.

Als mein Arm da drin wahllos um sich griff, fing Alvin an, herumzuzappeln, und ich hörte seinen anderen Schuh unter uns ins Wasser *ploppen*.

»Jetzt«, sagte er. »Ich hab den zweiten Schuh runterbekommen. Können wir jetzt gehen?«

Aber Alvins Herumgezappel hatte meinen baumelnden Arm weiter nach unten gezogen. Mein Arm war jetzt mit seinen Beinen zwischen dem Gitter und dem Bordstein eingeklemmt. Ich bemühte mich und zog und drehte, was nur meinen Ellbogen aufschürfte und den Arm noch fester einquetschte.

Jetzt hingen also drei Harmon-Gliedmaßen über dem dunklen Wasser, und wer würde sich in dieser Situation nicht fragen, ob es so etwas wie Abfluss-Haie gibt? Ich wollte gerade Alvin fragen, ob Haie ausschließlich in Salzwasser vorkommen, als er sagte: »Kennst du diese

Geschichten von Leuten, die sich exotische Haustiere wie Piranhas oder vielleicht Krokodile zulegen und sie dann in den Abfluss schütten, wenn sie zu groß oder eventuell aggressiv werden und –«

»Nein«, sagte ich.

Wir saßen/lagen noch ein paar Minuten dort im Regen und hingen unseren eigenen Gedanken nach. Meine kreisten um Abfluss-Raubtiere. Alvins glaube ich auch. Ein Auto kam in Sicht, und beide schrien wir den Fahrer um Hilfe an, aber das Auto fuhr vorbei und spritzte uns nur noch mehr Wasser zu.

»Warum fährt jemand einfach so an zwei Kindern vorbei, die ganz offensichtlich in einem Gully festhängen?«, fragte ich Alvin.

Er lugte unter meinem T-Shirt hervor, unter dem er versuchte, in Deckung zu gehen. »Vielleicht sieht es so aus, als würden wir hier spielen. Vielleicht sieht es so aus, als würden wir Spaß haben.«

»Sehe ich so aus, als hätte ich Spaß?«

»Na ja«, sagte Alvin, »du siehst zumindest ziemlich lustig aus …«

KAPITEL 101

Selbst wenn ich gewollt hätte, hätte ich den Notruf mit meinem Arm im Gully nicht mehr wählen können. Wenn ich versuchte, in dieser Position mein Handy zu benutzen, würde es garantiert in den Tiefen bei Alvins Turnschuh verschwinden. Panik begann sich in meinem Bauch breitzumachen.

Es wurde sogar noch schlimmer, als ich ein großes Nagetier auf uns zukommen sah.

Abfluss-Haie waren vielleicht unmöglich, aber Kanalratten bestimmt nicht. Hier hatten wir eine riesige Kanalratte aus Fleisch und Blut vor uns, und zwei Jungen blockierten den Eingang zu ihrem Zuhause. Obwohl, lebten Kanalratten in Abflüssen? Was war der genaue Unterschied zwischen einem Abfluss und einem Kanal? Wo war Javier, das Wikipedia auf zwei Beinen, wenn man ihn mal brauchte?

»Alvin –«, fing ich ruhig an, aber er schnitt mir das Wort ab.

»Wir sind gerettet!«, schrie er. »Schau, Marcello kommt, um uns zu retten. Ein Hoch auf Marcello!«

Die Abflussratte war tatsächlich Marcello, und er kam auf uns zugerast, stürmisch japsend. Als er sich uns näherte, wurde er langsamer. Er trottete hinüber zu Alvin und fing an, jeden freien Körperteil, den er mit der Zunge erreichen konnte, abzulecken.

»Marcello«, sagte Alvin und umarmte den nassen, stinkenden Hund, »wir stecken hier drin fest. Geh Hilfe holen!«

Marcello hörte auf, Alvin mit Sabber zu überziehen, und quetschte seine Schnauze in meine Achselhöhle. Sie war kalt und nass. Der Reflex, der meinen Arm durchzuckte, befreite ihn aus dem Gully.

»Siehst du, Alex?«, sagte Alvin. »Er ist ein Rettungshund, nicht wahr, Marcello? Er ist unser Held. Guter Hund, braver Marcello! Jetzt geh Hilfe holen, Marcello!«

Es ist möglich, dass Marcellos Gekläffe als Ermutigung gedacht war oder vielleicht sogar als Anweisung. Aber es half nicht. Und auch das, was Marcello als Nächstes tat, half nicht. Er zahlte es mir nämlich für alle Male, die ich ihn nicht beachtet hatte und auf dem Gehsteig über ihn gestiegen war, heim. Für all die Male, die ich seine Belästigungen beim Laufen ignoriert hatte. Für all die Male, die ich ihn einen kleinen Rattenhund genannt und es ihm ins Gesicht gesagt hatte.

Er hob ein Bein und pinkelte mir, auf dem Abflussgitter sitzend, an den Rücken. Dann kläffte er ein letztes Mal als Zugabe, hob Alvins Turnschuh auf und raste damit los Richtung nach Hause.

KAPITEL 102

Vielleicht war es Alvins wiedererwachte Hoffnung darauf, dass Marcello nach Hause laufen und seinem Herrchen kläffend unseren Schlamassel und genauen Standort verraten würde. Der darauf natürlich wie folgt reagieren würde: »Was, Marcello? Unser süßer, kleiner Nachbar Alvin steckt in einem Gully drüben beim Fußballfeld fest? Und er braucht Flüssigseife? Bin schon auf dem Weg!« Vielleicht war es aber auch der Regen, der Alvins Beine dünner und schlüpfriger machte. Wir werden es nie erfahren. Aber als Alvin sah, wie Marcello »Hilfe holen ging«, beruhigte er sich genug, um mitzuhelfen, als ich vorsichtig seine Beine zur Seite drehte und sie endlich aus dem Abflussgitter manövrierte.

Inzwischen folgten die Blitze und der Donner in immer kürzeren Abständen aufeinander, was bedeutete, dass das Gewitter näher zu uns kam. Und hier waren wir, am Rande eines ebenen Fußballfeldes, und kein Schutz war weit und breit in Sicht. In anderen Worten: Wir mussten blitzschnell hier weg. Alvin versuchte, sich seine Augen und Ohren gleichzeitig zuzuhalten, aber der arme Junge hatte nur zwei Hände.

Ich sah mich nach irgendetwas, in der Nähe um, wo wir hineingehen oder uns unterstellen konnten: eine Hütte, einen umgedrehten Schubkarren, einen Pappkarton. Ich war nicht wählerisch. Aber es gab einfach nichts.

»Ich will nach Hauseeee!«, rief Alvin nach einem besonders lauten Donnerschlag.

»Okay, okay«, sagte ich. »Wir müssen aber rennen.«

»Ohne Schuhe kann ich nicht rennen!«

»Klar kannst du!«

»Du musst mich tragen!«

Doppelter und dreifacher Mist.

»Ich trag dich huckepack, okay?« Das war zwar kein guter Plan, und ich würde auch nicht sehr schnell laufen können mit meinem patschnassen Bruder auf dem Rücken, aber es schien die einzige Möglichkeit zu sein.

Dann erinnerte ich mich, dass die Häuser, die am anderen Ende des Fußballfeldes standen, vorne zu Javiers Straße hinausgingen. Wir waren näher an Javiers Haus als an unserem. Javier würde uns reinlassen. Javier würde uns Schutz bieten. Wir könnten Dad von dort aus anrufen, und er würde kommen und uns abholen, und unser Albtraum wäre vorbei.

Ich hatte Alvin auf dem Rücken und lief auf Javiers sicheres Haus zu, als mir wieder einfiel, dass der mit seiner Familie am Strand war. Es wäre niemand dort, der uns reinlassen und Schutz bieten würde. Ich lief trotzdem weiter in diese Richtung und hoffte, dass sie vielleicht die Garage offen gelassen hatten, oder wenn nicht, dass wir uns auf der Veranda zusammenkauern konnten. Dann kam mir ein anderer Einfall.

Die Alte Weintraub-Villa. Die war sogar noch näher als Javiers Haus.

In der Sekunde, in der ich diesen Geistesblitz gehabt hatte, fiel mir ein, dass ich unser Haus dummerweise nicht nur ohne Flüssigseife oder eine Rettungsschere verlassen hatte, sondern natürlich auch ohne den Weintraub-Schlüssel.

Mein Huckepack-Lauf wurde langsamer und dann wieder schneller, als ein Blitz und ein Donner ziemlich gleichzeitig meinen Beinen neuen Schwung verliehen. Und genau da erinnerte ich mich daran, was Marta über das kaputte Schloss an der Hintertür gesagt hatte. »Man muss nur ein bisschen drücken.«

Das konnte ich.

KAPITEL 103

JUNGE AUS DEM ORT TRÄGT BRUDER HELDENHAFT DURCH DEN STURM IN SICHERHEIT lautet die Schlagzeile, die nie in der Stadtzeitung erschien. Weil uns niemand gesehen hat, wie wir (na ja, ich) über dieses Fußballfeld gelaufen sind, als würden wir verfolgt werden. Von Zeus mit einem großen Eimer Blitze. Aber außer meinem Bruder und mir war niemand so blöd, bei dem Wetter draußen unterwegs zu sein.

Einmal zog mich mein Passagier an den Haaren wie ein Rentier und schrie mir ins Ohr: »Alex, halt an!«

»Autsch! Nein! Wir rennen hier gerade um unser Leben, falls du das noch nicht kapiert hast.«

»Aber Marcello! Wir sind doch dann gar nicht da, wenn er mit dem Rettungsteam zurückkommt.«

Ich tat so, als wäre ich viel zu sehr mit Laufen beschäftigt, um zu antworten, aber es war ganz und gar unmöglich, dass Marcello an der Spitze eines Rettungsteams zu dem Abflussgitter zurückeilte. Wie ich Marcello kannte – und das tat ich –, war er gerade zu Hause in seinem gemütlichen Hundebett im Erkerfenster und zerbiss glücklich Alvins Turnschuh.

Ich lud Alvin auf dem Gras ab, als wir im Weintraub-Garten angelangt waren, und sagte: »Wir gehen hier rein.«

»In die Alte Weintraub-Villa?«, fragte er, als wir die Stufen zur Hintertür hochgingen. Was bewies, dass Javier falschlag und sie wirklich jeder so nannte. »Wir können da nicht reingehen. Das ist Einbrechen.«

»Das ist Sich-in-Sicherheit-Bringen«, sagte ich, als ich gegen die Tür drückte. Die sich keinen Millimeter bewegte. »Nur damit wir dem Gewitter entkommen. Wir werden Dad von hier aus anrufen. Wir fassen nichts an.«

Ich drückte fester, und die Tür gab immer noch nicht nach. Hatte sie jemand repariert, seit Marta das letzte Mal da gewesen war? Ich wusste nicht genau, wann das war. Es war aber auch möglich, dass Martas Vorstellung von »ein bisschen« drücken eine andere war als meine. Ich lehnte mich mit der Schulter gegen die Tür und drückte mit meinem ganzen Gewicht dagegen. Endlich ging sie auf, und ich stolperte in die dämmrige Küche. Alvin rannte mich fast über den Haufen, um hineinzukommen. Dann drehte er sich um und schlug zur Sicherheit die Tür zu.

Ich nahm ein paar Blätter Küchenpapier von der Anrichte und sagte ihm, dass er sich abtrocknen sollte. Dann widmete ich mich mir selbst.

»Du hast gesagt, wir fassen nichts an«, protestierte Alvin. Aber er setzte sich auf den Boden und tupfte sich gründlich seine schlammigen Socken ab.

Ich wollte gerade mit meiner gewöhnlichen Älterer-Bruder-Logik antworten, als ich einen Zettel auf dem Küchentisch liegen sah. Der war nicht da gewesen, als ich letztes Mal meine Nachricht mitgenommen hatte.

Vielleicht war es eine Notiz für die Haushaltshilfe. Wenn es das war, würde ich hinzufügen, dass neues Küchenpapier benötigt wurde.

Aber die Notiz war nicht für die Haushaltshilfe. Sie war für mich. Und zwar von dem Geist. (Der eine Haushaltshilfe sein könnte, wenn du noch mitgekommen bist. Aber falls du das schon lange nicht mehr so siehst, mache ich dir keinen Vorwurf.) Es ging um das Buch, um Opas Opfer. Sie fing an mit: »Hier ist eine Idee, die es Opa erlauben könnte, sich zu opfern, ohne zu sterben.«

Ich legte mein zerknülltes Küchenpapier weg und nahm den Zettel in die Hand, als Alvin vollkommen ohne Vorwarnung sagte: »Ob es in diesem Haus wohl Geister gibt?«

»Warum glaubst du, dass es hier Geister geben könnte?«, fragte ich. Ich faltete den Zettel und steckte ihn für später in meine Hosentasche. »Nur weil es leer steht, heißt das noch lange nicht, dass es hier Geister gibt.«

Alvin zuckte zusammen, als ein Donner über dem Haus grollte. Aber es war jetzt schon nicht mehr so laut. Das Gewitter zog von uns weg.

»Ich hab da was gehört«, sagte Alvin. »Ein Geistergeräusch.«

»Was ist denn ein Geistergeräusch?«

»Hör doch mal«, sagte Alvin.

Wir schwiegen und lauschten. Und dann hörte ich, was er auch gehört hatte. Ein leises Stöhnen. Wie ein Geistergeräusch.

KAPITEL 104

All die Male, die ich in der Alten Weintraub-Villa gewesen war, hatte ich noch nie ein echtes Geister-Stöhnen gehört. Javier und Marta genauso wenig. So etwas hätten sie erwähnt.

Und Tatsache war, wenn einer von uns je ein wirkliches, hundertprozentiges Geistergeräusch hier gehört hätte, wären wir niemals zurückgekommen. Wir kamen nur immer wieder, weil wir im Grunde nicht daran glaubten, dass es in diesem Haus spukte. Ich glaube nicht einmal, dass Marta wirklich daran glaubte.

Aber jetzt? Ich wusste nicht, was dieses Geräusch war, aber es klang viel geisterhafter als jedes andere Geräusch, das ich bisher im echten Leben gehört hatte.

»Das Gewitter zieht weg«, sagte ich zu Alvin. »Wir sollten nach Hause gehen. Es ist jetzt nicht mehr so gefährlich draußen.« *Wie vielleicht hier drinnen* war definitiv das unausgesprochene Ende dieses Satzes.

»Solange man den Donner hört, ist es noch gefährlich«, sagte Alvin. »Davon abgesehen müssen wir herausfinden, was das für ein Geräusch war.«

Das mussten wir nicht im Geringsten. Aber wie ich schon sagte, Alvin hatte nur vor Blitzen Angst. Wenn er also die Wahl hatte, zwischen Blitzen draußen und Geistergeräuschen drinnen, würde Alvin drinnen bleiben. Und wenn es ein Rätsel zu lösen gab, würde er versuchen, es zu lösen. Er ging auf die Kellertür zu. »Ich glaube, es kam von hier«, sagte er. Und er öffnete die Tür.

Alvin öffnete die Tür zu dem Ort, von dem die gruseligen Geräusche kamen, weil er nie zuvor einen Horrorfilm gesehen hatte. Ich schon. (Aus Versehen, bei einer Übernachtungsparty. Meine Eltern waren nicht sehr erfreut.) Ich wusste, dass die Tür zu öffnen das Letzte war, was man in dieser Situation machen sollte.

Nun, da die Tür ganz offen stand, konnten wir beide genau hören, was als Nächstes kam. Was kein Geistergeräusch war. Es war ein Menschengeräusch. Und dieser Mensch sagte sehr, sehr leise, aber nicht so leise, dass wir es nicht hören konnten: »Hilfe. Helft mir. Bitte.«

Alvin rannte sofort die Kellertreppe runter. Ich folgte ihm in die Dunkelheit und wünschte, dass einer von uns Martas Taschenlampen-Helm aufhätte.

Alvin blieb am Fuß der Treppe stehen. »Da ist jemand«, sagte er leise, als ob er denjenigen nicht stören wollte. »Da liegt jemand auf dem Boden.«

KAPITEL 105

Es war so dunkel im Keller, dass meine Augen sich erst daran gewöhnen mussten, bevor ich sehen konnte, wovon Alvin sprach. Als es so weit war, sah ich so etwas wie einen Wäschehaufen auf dem Boden liegen.

»Geht es Ihnen gut?«, fragte Alvin.

Der Wäschehaufen stieß einen Seufzer aus. »Offensichtlich nicht«, sagte er.

Und an dieser Stelle muss ich erwähnen, dass Alvin, obwohl er ein gnadenloser Verhandler war, ein großes Herz hatte. Er kniete sich auf den Boden, streckte den Arm nach dem Wäschehaufen aus und nahm seine Hand. »Wir werden Sie retten«, sagte er.

Ich ging um Alvin herum auf die andere Seite der Person, die da auf dem Boden lag. Dann erkannte ich sie. »Großtante Rosa!«

»Höchstpersönlich«, antwortete sie schwach. Ihr Gesicht schimmerte gespenstisch weiß in dem düsteren Keller. Sie lag flach auf dem Rücken. »Ich bin die Treppe hinuntergefallen«, sagte sie. »Ich glaube, ich habe mir die Hüfte gebrochen.«

»Aber was machst du hier?«, fragte ich. Was rückblickend nicht die erste Frage war, die die meisten Retter ihr gestellt hätten.

»Ich bin runtergegangen, um mir ein Buch zu holen«, sagte sie.

Diese Antwort hatte viele weitere Fragen zur Folge. Die erste, die mir einfiel, war:

»Solltest du nicht am Strand sein?«

»Ich bin zu Hause geblieben, um ein bisschen Zeit für mich zu haben. Dann hat Marina entschieden, auch zu Hause zu bleiben. Also bin ich hier herübergekommen, um ein bisschen in Ruhe zu lesen.« Sie sah Alvin an und sagte: »Große Schwestern. Hab ich recht?«

Alvin nickte wissend. »Ich hab einen großen Bruder. Ist aber dasselbe.«

Großtante Rosa schloss die Augen.

»Sie braucht Hilfe«, flüsterte Alvin. Als ob er Angst hätte, Rosa könnte ihn hören und herausfinden, dass sie Hilfe brauchte.

»Ich weiß«, sagte ich. »Ich geh Marina holen.«

Rosa öffnete die Augen. »Nutzlos«, brachte sie hervor. »Außerdem … im Einkaufszentrum.« Sie schloss die Augen wieder und seufzte angesichts der Nutzlosigkeit aller älteren Geschwister.

»Ich rufe Dad an«, sagte ich. »Er ist wahrscheinlich inzwischen zu Hause.«

Alvin schüttelte den Kopf. »Dad ist ein Steuerberater«, sagte er. »Sie muss nicht ihre Steuern erledigen. Sie braucht einen Krankenwagen. Du musst den Notruf wählen.«

KAPITEL 106

Tante Rosas Augen waren geschlossen, aber Alvins waren weit aufgerissen, starrten und flehten mich an, das zu tun, was getan werden musste.

»Zum Telefonieren muss ich hochgehen«, sagte ich. »Hier unten habe ich keinen guten Empfang.« Nicht direkt gelogen, da das schon stimmen konnte, aber das war nicht der Grund, warum ich hochgehen wollte.

»Okay«, sagte Alvin. »Aber beeil dich!«

In der Küche setzte ich mich an den Tisch und holte mein Handy heraus, das feucht war und einen leichten Geruch von Hundepipi verströmte. Ich wischte es mit einem Stück Küchenpapier ab und wählte nicht sofort den Notruf, sondern rief Dad an. Die Mailbox sprang an.

Doppelter und dreifacher Mist im Quadrat.

Ich hinterließ meinem Dad keine Nachricht. Wo hätte ich da überhaupt anfangen sollen? Ich starrte mein Handy an. Mein Finger schwebte über der 1. Mit zitternder Hand legte ich das Handy weg.

Ich musste Hilfe rufen. Das war ein echter Notfall. Tante Rosa war eine Krankenschwester, und wenn sie sagte, sie hätte sich die Hüfte gebrochen, wusste sie, wovon sie redete.

Aber: Was, wenn sie nur verstaucht war? Was, wenn die

Sanitäter ankamen und ihr aufhalfen und sagten, dass es ihr gut ging, und sich dann zu mir umdrehten und sagten: *Bist du der Junge, der den Notruf wegen dieser winzigen Verletzung gewählt hat?*

Aber: Was, wenn Rosa wirklich schwer verletzt war und sie nur tapfer war, um uns nicht zu erschrecken? Was, wenn sie in großen Schwierigkeiten steckte und jede Sekunde zählte?

»Alex!«, rief Alvin ängstlich von unten. »Sie ist ganz schwitzig!«

Da war sie nicht die Einzige.

Es ist spannend, wenn man ein Buch liest und es gefährlich ist. Gefahr macht ein Buch, das sonst langweilig wäre, interessanter. Das war meine Theorie, als ich damit angefangen hatte, Vorschläge zu Carolines Buch zu machen. Ich wollte, dass Gerald einen Gully hinuntergespült wurde, als er noch ein Frosch war, ganz am Anfang. Ich wollte von Anfang an ein bisschen Gefahr ins Spiel bringen. Ich hatte sie dazu gebracht, eine ganze Schlacht einzubauen, weil ich fand, dass das aufregend wäre.

Aber ich sage dir jetzt, dass Gefahr im echten Leben nicht aufregend ist. Sie ist schrecklich. Du hast Angst und fühlst dich, als müsstest du dich übergeben, und du wartest sehnsüchtig darauf, dass sie vorbei ist. Man kann echte Gefahr nicht einfach weglegen, wenn es zu gruselig wird, und warten, bis man den Teil bei Tageslicht weiterlesen kann.

Und wenn du außerdem eine Heidenangst davor hast,

Hilfe zu rufen, ist diese schreckliche Situation noch mal um einiges schlimmer.

Aber als ich so am Tisch saß und die Sekunden verstreichen ließ, wurde mir etwas Wichtiges klar. Caroline hatte mich bei ihrem Buch um Hilfe gebeten, und ich hatte mich gefreut, ihr zu helfen. Und Javier und Marta hatten geholfen. Und die Senioren hatten geholfen – und es hatte ihnen wirklich viel Spaß gemacht. Die ganze Zeit fragten Leute um Hilfe, und die ganze Zeit halfen ihnen andere Leute. Zum Glück. Nur weil mir einmal zwei Polizeibeamte einen Schrecken eingejagt hatten – und vermutlich hatten sie mich gar nicht erschrecken wollen –, hieß das nicht, dass es falsch war, nach Hilfe zu fragen.

Dann betrachtete ich die Sache aus einem anderen Blickwinkel. Rosa brauchte *meine* Hilfe. Rosa brauchte meine Hilfe, und ich brauchte Hilfe, um ihr zu helfen. Ich war Vern, der Spatz, und Rosa war Gerald, und ihre gebrochene Hüfte war die Schlacht, und ich musste die *Absolute Autorität* kontaktieren …

Ich nahm das Handy in die Hand und tippte zitternd 112 ein.

KAPITEL 107

Eine Frau nahm meinen Notruf entgegen. Ich war mir fast sicher, dass es nicht die Frau war, die meinen ersten Anruf damals entgegengenommen hatte. Sie mussten dort mehr als eine Person haben, die Anrufe annahm, oder?

»Großtante Rosa ist die Treppe runtergefallen«, schoss es aus mir hervor. »Sie sagt, sie hat sich die Hüfte gebrochen. Sie ist eine Krankenschwester, also ist es wahrscheinlich nicht nur eine Verstauchung. Ich weiß nicht genau, ob das ein Notfall ist, aber sie braucht Hilfe.«

»Für mich klingt das sehr wohl nach einem Notfall«, sagte die Frau. »Wir schicken einen Krankenwagen, okay?« Ich nickte, obwohl sie mich nicht sehen konnte. Sie fragte mich, wo ich war, und ich musste aus der Haustür laufen, um die Hausnummer herauszufinden. Ich war ganz außer Atem, als ich sie ihr durchgab.

»Beruhig dich, Kleiner«, sagte sie zu mir. »Der Krankenwagen ist schon unterwegs. Nur eine Sache. Das Unwetter hat ein paar Bäume und Strommasten umgeworfen, es kann also länger dauern als sonst. Ich werde deine Hilfe brauchen, okay?«

Jetzt brauchte also die Person, die ich um Hilfe angerufen hatte, meine Hilfe, um Rosa zu helfen. Siehst du, wie das funktioniert? Es wird sehr verwirrend.

»Okay«, sagte ich.

»Ich werde bei dir am Telefon bleiben, bis die Sanitäter da sind«, sagte sie. »Tu, was ich dir sage, und deiner Tante wird's bald wieder gut gehen.«

Sie stellte mir ein paar Fragen und sagte mir ein paar Dinge, die ich tun oder nicht tun sollte. Ich ging wieder hinunter in den Keller und nahm ein paar der Laken von den Möbeln mit, mit denen ich Rosa zudecken konnte, um sie warm zu halten.

»Sind sie unterwegs?«, fragte Alvin. »Ihre Augen fallen immer wieder zu.«

Ich nickte und deutete auf das Telefon.

»Wir müssen versuchen, sie wach zu halten«, sagte die Frau. »Kannst du mit ihr reden? Sie von den Schmerzen ablenken?«

»Wir müssen mit ihr reden«, sagte ich zu Alvin. »Lenk sie ab.«

»Tante Rosa?«, sagte Alvin und rüttelte sachte an ihrer Hand, die er immer noch hielt. »Kannst du mich hören?«

Sie brauchte eine Weile zum Antworten. »Ja«, sagte sie. »Ich kann dich hören.«

»Du hast gesagt, du bist wegen einem Buch nach unten gegangen«, sagte Alvin. »Liest du gerne?«

»Ich liebe Lesen«, sagte Rosa leise. »Vera Weintraub hat mir immer … Robs Bücher ausgeliehen. Ich habe eines … hier.« Mit der freien Hand tastete sie den Boden neben sich ab, und dann hielt sie auch schon ein fettes Taschenbuch hoch.

Robs Bücher!, dachte ich. Das hat sie also hier gemacht. Sich ein Buch aus den ganzen Kisten ausgeliehen.

»Hier unten ist es zu dunkel zum Lesen«, sagte Alvin. »Aber meine Tante hat ein Buch geschrieben. Willst du, dass ich dir davon erzähle? Es ist sehr interessant.«

»Klingt … gut«, sagte Rosa.

Also fing Alvin an, die Geschichte von *Gerald im Zeitstrudelwehr des Zauberers* zu erzählen, ganz von Anfang an. Und Rosa und ich und die Notruf-Frau hörten zu, bis der Krankenwagen ankam.

KAPITEL 108

Die Sanitäterinnen waren zwei junge Frauen, und sie waren sehr autoritär. Sie waren daran gewöhnt, Befehle zu erteilen, und daran, dass die Leute diese befolgten. Dann lernten sie Großtante Rosa kennen.

Ich war nach oben gegangen, um ihnen den Weg zum Keller zu zeigen. Sie sagten mir, ich sollte in der Küche bleiben, was ich unterwürfig tat. Als sie unten ankamen, konnte ich hören, wie sie versuchten, Alvin ebenfalls aus der Bahn zu schaffen. Ich konnte nicht hören, was Rosa sagte, sondern nur die Antworten ihrer Retterinnen. Die Unterhaltung verlief in etwa so:

»Der Junge muss oben warten, während wir –«

...

»Jawohl, Madam.«

»Es tut mir leid, Madam, aber Sie müssen die Hand des Jungen loslassen, damit wir –«

...

»Jawohl, Madam.«

»Madam, Sie müssen seine Hand wenigstens lange genug loslassen, damit wir Sie –«

...

»Jawohl, Madam.«

»Wie wäre es, wenn er –«

…

»Jawohl, Madam.«

Die Sanitäterinnen mussten sich mit Rosa geeinigt haben, denn kurz darauf kam Alvin in die Küche. Er trug Rosas Buch und die Laken, mit denen wir sie zugedeckt hatten. Er ließ die Laken auf dem Küchentisch liegen, das Buch aber behielt er, bemerkte ich.

»Werden wir Schwierigkeiten bekommen?«, fragte er mich.

»Nein«, sagte ich. »Das ist ein echter Notfall.«

»Ich meinte, weil wir eingebrochen sind«, sagte Alvin. »Wir sind doch alle drei hier eingebrochen, oder?«

Darüber hatte ich noch nicht einmal nachgedacht, was vermutlich auch besser so war. »Das ist jetzt egal«, sagte ich ihm so selbstsicher, wie ich konnte. »Das sind Sanitäterinnen, keine Polizistinnen.«

»Aber kennen die sich nicht alle untereinander?«

Ich hatte keine Ahnung.

Was ich allerdings wusste, war, dass Alvin und ich nass und dreckig waren und nach Abfluss und Hundepipi stanken. Wir sahen bestimmt nicht wie zwei anständige junge Burschen aus, die die Rufe einer Dame in Not gehört hatten und heldenhaft in ein fremdes Haus gegangen waren, um sie zu retten. Aber genau so würde unsere Geschichte lauten. Ich umriss sie für Alvin, und er stimmte sofort zu.

»Madam, es ist möglich, dass Sie andere Verletzungen haben«, hörten wir von unten. »Wenn wir nur –«

…

»Jawohl, Madam.«

Sie brachten Großtante Rosa nach oben, und sofort griff sie nach Alvins Hand. Dann gingen alle vier hinaus zu dem wartenden Krankenwagen.

»Madam, der Junge kann nicht in dem Krankenwagen mitfahren. Gibt es vielleicht einen Nachbarn – «

…

»Jawohl, Madam.«

KAPITEL 109

Alvin und ich fuhren hinten im Krankenwagen mit Rosa ins Krankenhaus. Was cool war, aber nicht so cool, wie wenn die Sirenen geheult hätten und wir um die Kurven geschlittert und über rote Ampeln geschossen wären. Der Krankenwagen fuhr langsam wegen der ganzen Äste, die durch das Unwetter auf die Straßen gefallen waren. Und auch, weil Rosa »stabil« war, was bedeutete, dass wir es nicht so eilig hatten.

Sobald sie schnell alle Fragen der Sanitäterin beantwortet hatte, die mit uns hinten mitfuhr, bat Rosa Alvin, Geralds Geschichte weiterzuerzählen. Was er auch tat. Er hatte ein phänomenales Gedächtnis, mein kleiner Bruder. Er ließ kein einziges wichtiges Detail aus, soweit ich das feststellen konnte, und manchmal benutzte er ganze Brocken von Carolines Wörtern.

Erst da fiel mir die Notruf-Frau wieder ein. »Hallo?«, sagte ich in mein Handy. »Sind Sie noch dran?«

»Und wie ich das bin, Kleiner. Das hast du toll gemacht. Deine Tante kann sehr stolz auf dich sein.«

»Danke«, sagte ich. »Und vielen Dank für Ihre Hilfe. Ich glaube, wir können jetzt auflegen. Sie haben bestimmt andere Notfälle, um die Sie sich kümmern müssen.«

»Tatsächlich habe ich die im Moment nicht«, sagte sie.

»Ich habe Pause. Stört es dich, wenn ich noch ein bisschen dranbleibe? Ich will hören, wie Gerald an diesen Kohlmeisen vorbeikommt.«

Ich kannte Geralds Geschichte schon, also konnte ich meine Gedanken ein bisschen schweifen lassen, während Alvin erzählte und Rosa und die Notruf-Frau zuhörten.

So weit schweiften sie aber gar nicht. Sie schweiften zu Großtante Rosa hinüber. Und zu der Tatsache, dass sie in der Alten Weintraub-Villa gewesen war. In dem Alten Weintraub Keller. Und sich Robs Bücher ausgeliehen hatte.

Ein paar andere Tatsachen kamen langsam in meinem Kopf zusammen, die nach meiner Aufmerksamkeit verlangten. Rosa hatte gesagt, dass sie in die Alte Weintraub-Villa hinübergegangen war, um von Großtante Marina wegzukommen. Javier hatte gesagt, dass Rosa ins Seniorenzentrum ging, um von Marina wegzukommen. Dort hatten wir sie aber kein einziges Mal gesehen. Rosa las gerne Robs Bücher. Rosa trank beim Lesen oft eine Tasse Kaffee. Rosa war bei Javier gewesen, als ich von dem Rankgitter gefallen war und als Javier und Marta diese Dinge zu mir gesagt hatten, die der Geist später Snarko und der Teufelin in den Mund gelegt hatte.

Der Geist. Großtante Rosa war der Geist.

Es ergab alles Sinn, als ich so darüber nachdachte. Rosa hatte sich Robs Bücher ausgeliehen, als sie und Mrs. Weintraub noch Nachbarinnen waren, und sie lieh sie auch weiterhin aus, nachdem Mrs. Weintraub weggezogen war. Vielleicht hatte sie einen Schlüssel zu der Villa. Dann, als auch Marina bei ihnen eingezogen war, ging sie in die Weintraub-Küche, um ein bisschen Ruhe zu haben, anstatt sich zum Lesen auf die Veranda zu setzen. Sie hatte all diese Fantasybücher gelesen, sie war also die perfekte Hilfe für Carolines Buch. Sie war diejenige, die es überhaupt erst zu einem Fantasybuch gemacht hatte.

Ich sah hinüber zu Rosa, wie sie auf der Transportliege lag und Alvin bei einer Geschichte zuhörte, die sie schon kannte. Eine Geschichte, die sie zu schreiben geholfen hatte. Ich griff in meine Hosentasche und spürte den Zettel, den ich auf dem Küchentisch gefunden hatte. Rosa hatte sich eine Lösung für Opas Opfer überlegt, und sie befand sich in meiner Hosentasche.

Aber das konnte warten.

KAPITEL 110

Als der Krankenwagen vor dem Eingang der Notaufnahme des Krankenhauses anhielt, sagte die Sanitäterin, die mit uns hinten mitgefahren war: »Sieht so aus, als ob wir sie gleich notoperieren müssten.«

»Warum?«, fragte Alvin. Er umklammerte Rosas Hand noch fester.

Rosa sah viel weniger beunruhigt aus als er.

»Um deine Hand von ihrer zu trennen«, sagte die Sanitäterin. Todernst. Ohne den Anflug eines Lächelns.

»Du kannst jetzt loslassen«, sagte Rosa zu Alvin. »Aber vergiss nicht, dass du ein Held bist. Egal, wie dreckig du bist.«

Alvin ließ Rosa los. Aber bevor er wegging, sah ich, wie er Robs Buch auf die Transportliege neben sie schmuggelte. Ihre Hand fand es, und sie lächelte.

Die Sanitäterinnen rollten Rosa einen Gang entlang, und Alvin und ich folgten ihnen.

Sie wiesen uns an, uns in den Warteraum zu setzen, und sie verschwanden mit Rosa durch eine Flügeltür.

Etwas später kamen die Sanitäterinnen wieder raus.

»Sie wird wieder fit«, sagte eine von ihnen. »Aber es war gut, dass ihr angerufen habt. Ihr beide habt das Richtige getan.«

»Nadia!«, brüllte jemand quer durch den Raum. »Simone! Seid ihr das? Schön, euch zu sehen!«

Die Sanitäterinnen sahen sich nach der vertrauten Stimme um. Sie war ihnen und auch mir vertraut. Marta stürmte auf uns zu und stieß praktisch mehrere kranke und verletzte Leute zur Seite. Ihr linker Arm war eingegipst und in einer Schlinge, aber sie winkte aufgeregt damit herum.

»Wie läuft's so?«, fragte Marta die Sanitäterinnen, als sie zu uns herübergekommen war.

»Nicht schlecht«, sagte eine von ihnen. »Wir haben dich schon länger nicht mehr gesehen. Schöner Pony.«

»Danke«, sagte Marta. »Zuerst mochte ich ihn nicht, aber dann ist er mir ans Herz gewachsen. Ans Herz *gewachsen*. Kapiert?«

Die Sanitäterinnen schauten irritiert.

»Ich hab ihn selbst nachgeschnitten«, erzählte Marta weiter. »Meine Mum kann schließlich nicht *alle* Scheren im Haus konfiszieren.«

Die Sanitäterinnen, die dazu ausgebildet waren, auf Gefahr zuzugehen, traten beide vorsichtig einen Schritt von Marta zurück.

Dann bemerkte Marta Alvin und mich. »Alex!«, sagte sie. »Hi, Alvin! Was macht ihr zwei denn hier? Und warum seid ihr so dreckig? Seid ihr in eine Schlammlawine geraten?«

»Nein, in ein Abflussgitter«, sagte Alvin stolz.

»Wie Gerald?«, fragte Marta.

»Ja!«, sagte Alvin. »Nur dass er nicht durchpassen würde. Jedenfalls nicht ohne Flüssigseife. Das habe ich definitiv herausgefunden, oder, Alex?«

Ich nickte. »Was ist mit deinem Arm passiert?«, fragte ich Marta.

»Ich hab ihn mir an zwei Stellen gebrochen!«, sagte sie.

»Im Zirkus-Ferienlager?«

»Schwachkopf-Ferienlager trifft's eher. ›Ach, Marta, warum benutzt du denn deinen Schutzschild nicht?‹ ›Ach, Marta, hör auf, vor deinen Instrukteuren wegzurennen!‹ Sie wollten uns überhaupt keine Risiken eingehen lassen.«

»Aber du hast es trotzdem geschafft, dir den Arm zu brechen«, bemerkte eine der Sanitäterinnen.

»Schon, oder?«, sagte Marta. »Aber es hat fast eine Woche gedauert.«

»Wir müssen los«, sagte eine Sanitäterin.

»Jep. Komme gleich«, sagte die andere.

Die, die gefahren war, ging weg. Die andere, die mit uns hinten im Krankenwagen gewesen war, scharrte kurz mit ihrer Schuhspitze auf dem Boden herum, bevor sie Alvin ansah und fragte: »Also, wie hieß dieses Buch noch mal, aus dem du vorhin erzählt hast? Ich muss herausfinden, wie die Schlacht ausgeht.«

KAPITEL 111

Marta setzte sich zu Alvin und mir, während ihre Mutter mit dem Arzt sprach. Ihre Mum schüttelte immer wieder den Kopf, und der Doktor zuckte immer wieder mit den Schultern.

»Wie war es denn so in dem Abflusskanal?«, fragte Marta Alvin.

»Ich bin nur mit den Beinen reingekommen«, sagte er. »Es war irgendwie warm und –«

Wir fanden nie heraus, was Alvins Beine sonst noch darüber dachten, in einem Gully zu stecken, weil wir auf einmal hörten, wie Alvins und mein Name gerufen wurden. Von Dad.

Ups. Dad. Ich hatte vergessen, dass er jetzt sicher schon längst zu Hause war und sich fragen würde, warum wir zwei nicht auch da waren. Wie hatte er uns hier gefunden? Er sah überhaupt nicht verärgert aus, als er zu uns herüberkam. Er sah eher aufgeregt aus und grinste über beide Ohren.

»Ah, gut, dass ihr da seid«, sagte er. »Mum und ich müssen uns missverstanden haben. Sie sagte, ihr wärt zu Hause, aber als ihr nicht da wart, dachte ich mir, dass sie euch sicher mitgenommen hat. Was habt *ihr* denn angestellt? Egal. Gibt's schon Neuigkeiten von Lulu?«

Ups. Mum und Lulu. Ich hatte Lus Unfall ganz vergessen. Sie waren ja auch hier im Krankenhaus.

»Äh, nein«, sagte ich zu Dad. »Noch nicht. Sie untersuchen wahrscheinlich gerade ihren Fuß.«

»Ihren Fuß?«, fragte Dad.

»Vielleicht«, sagte ich. »Sie hat ihre Wasserfrucht zerplatzen lassen, also denke ich, dass sie ein paar Quetschungen haben wird. Es dauert schon etwas länger, vielleicht hat sie sich ja einen Zeh abgetrennt, und sie nähen ihn wieder an.«

Marta hörte begeistert zu und nickte. »Sie hätten den abgetrennten Zeh in einer Plastiktüte mitnehmen müssen«, sagte sie.

»Vielleicht hat sie sich aber auch den Zeh gebrochen«, fuhr ich fort, »und sie machen einen winzigen Gips darum. Das würde schon etwas dauern, oder nicht?«

»Ein so kleiner Gips würde definitiv mehr Zeit erfordern«, stimmte Marta mir zu.

Mein Dad kicherte und Alvin auch, was nervig war.

»Ihre Fruchtblase ist geplatzt«, sagte Dad. »Das bedeutet, dass das Baby kommt.«

Alvin warf mir einen Was-denn-sonst-Blick zu, aber Marta sah so verwirrt aus wie ich.

»Wieso sollte man eine Wassermelone auf seinen Fuß fallen lassen, wenn man ein Baby bekommt?«, fragte ich.

Ich werde dir die superpeinliche Diskussion, die darauf folgte, ersparen. Marta stellte jedenfalls viel zu viele Fragen, und Dad beantwortete sie viel zu detailliert.

Schließlich entschied ich, auf die Männertoilette zu gehen, um dem zu entkommen. Und auch, um etwas von dem Schmutz abzuwaschen. Und auch, um zu pinkeln. Es war ein langer Nachmittag gewesen.

KAPITEL 112

Ich versuchte gerade, meine Haare mit der schäumenden Handseife im Waschbecken der Männertoilette zu waschen, als die Tür aufging und jemand sofort zu lachen anfing. Sehr laut.

Ich schaute hoch, Wasser und Seife liefen mir in die Augen, und sah Javier, mit den Händen auf den Knien, der sich buchstäblich krümmte vor Lachen.

»Hätte ich doch bloß meine Kamera dabei«, sagte er sehr viel später, als er sich wieder eingekriegt hatte.

Was war das denn, ein Klassentreffen im Krankenhaus? Wer würde als Nächstes auftauchen? Unsere Lehrerinnen und Lehrer?

»Was machst du denn hier?«, fragte ich.

»Wir haben einen Anruf bekommen, dass Großtante Rosa hingefallen ist.«

»Aber wart ihr nicht am Strand? Wie seid ihr so schnell hierhergekommen?«

»Mein Dad ist gefahren wie ein Irrer. Ich glaube, der Minivan hat ein paarmal nach Luft geschnappt.« Er beäugte mich. »Wieso badest du in der Männertoilette im Krankenhaus?«

Ich trocknete mich so gut ich konnte mit Papierhandtüchern ab, während ich von Alvin und dem Gully und dem Gewitter und dem Nicht-Rettungshund und der Alten Weintraub-Villa und Rosa erzählte.

»Es geht ihr schon bald wieder gut«, sagte ich ihm, als ich am Ende angelangt war.

»Gut so«, sagte er. »Sie ist zäh. Das hat Dad auf dem Weg hierher auch ständig gesagt.«

»Sie ist wirklich sehr zäh. Das weiß ich jetzt sicher. Aber ich weiß seit heute auch noch etwas anderes mit Sicherheit über sie.«

»Ach ja?«

»Großtante Rosa ist der Ghostwriter.«

»*Was?* Großtante Rosa? *Niemals!*«

Javier ist ein talentierter Filmemacher, aber ein schrecklicher Schauspieler. Er sollte definitiv hinter der Kamera bleiben.

»Das wusstest du schon«, stellte ich fest.

»*Was?* Nein! Das ist eine richtige Überraschung für mich. Ein echter Schock –«

Ich warf ihm ein zusammengeknülltes Papierhandtuch an den Kopf. Er duckte sich.

»Na gut«, sagte er. »Sie hat mich Wichtelmännchen genannt, seit ich zwei war. Sobald ich diesen Namen gehört habe …«

»Warum hast du uns nichts gesagt?«

»Ich wollte euch den Spaß nicht verderben.«

»Spaß? Ich habe mit Nachtlicht geschlafen.«

»Bob der Baumeister?«

»Das ist jetzt egal.«

»Okay, ich glaube, ich wollte *mir* den Spaß nicht verderben«, gab Javier zu. »Oder Marta.«

»Wir sagen Marta nichts, oder?«

»Niemals.«

KAPITEL 113

Alvin, Dad und ich aßen gerade mit Mum in der Krankenhauscafeteria, als Caroline uns fand.

Mum war zu uns in den Warteraum gekommen, sobald Caroline da war und die offiziellen »Geburtspartner«-Pflichten übernommen hatte.

Nachdem Mum Alvin und mich gesehen hatte, marschierte sie schnurstracks mit uns zur Männertoilette, damit wir uns sauber machten (in meinem Fall also zum zweiten Mal). Als sie fragte, wie wir so dreckig geworden waren, erzählte Alvin ihr, dass er ausgerutscht und in eine Schlammpfütze gefallen war und dass ich bei dem Versuch, ihm zu helfen, auch hineingefallen war. Er behauptete, dass seine Turnschuhe in dem Chaos verloren gegangen wären. Diese Verkettung von Lügen spulte er so einfach ab, dass es beinahe verstörend war, sie mitanzuhören.

Zum Glück waren unsere Eltern so aufgeregt wegen dem Baby, dass sie nicht allzu viele Fragen stellten. Tatsächlich glaube ich, dass sie immer noch annehmen, der jeweils andere hätte uns an diesem Tag mit ins Krankenhaus genommen. Alvin und ich haben sie zumindest nie aufgeklärt.

Carolines Wangen waren rosa und ihre Augen waren

gefährlich glasig, als sie durch die Cafeteria auf unseren Tisch zueilte.

»Sie ist da!«, sagte sie uns. »Sie ist da und kerngesund und Lu auch. Kommt mit und schaut sie euch an!«

Wir aßen so schnell wir konnten, ohne uns zu verschlucken, auf und liefen dann in die Entbindungsstation, um das neueste Familienmitglied kennenzulernen.

Lulu saß aufrecht im Bett und hielt das Baby, als wir ihr Zimmer betraten. Caroline schwebte um sie herum wie ein verrückt gewordener Vogel um ein Nest. Das Baby, wie ein Burrito eingewickelt, schlief.

Nachdem wir sie alle eine Weile mit Ohhhs und Ahhhs bestaunt hatten, bat Lulu Alvin, neben sie ans Bett zu kommen. Sie hielt das schlafende Baby hoch wie ein Geschenk und sagte: »Ich glaube, das gehört dir.«

Alvins gigantisches Vokabular versagte ihm. Er starrte das Baby nur an. »Hä?«

»Sie gehört dir«, sagte Lulu. »Weißt du nicht mehr? Ich wollte einmal auf einen anderen Fernsehsender umschalten, und du hast mir das Versprechen um mein Erstgeborenes abgerungen. Da hast du sie also. Niemand soll mir je nachsagen können, dass ich meine Versprechen nicht einhalte.«

Alvin hob die Hände hoch, als ergäbe er sich. Oder vielleicht wollte er das Baby auch einfach nicht berühren. »Das ist schon in Ordnung«, sagte er.

»Was?«, sagte Lulu. »Du willst sie nicht? Bist du dir da sicher?«

»Ich bin mir sicher«, sagte Alvin. »Als ich wollte, dass du mir das versprichst, hatte ich ja keine Ahnung, worauf ich mich einlasse.«

Lulu lachte, als Caroline dazwischentrat und ihr das Baby aus den Armen nahm. »Ich genauso wenig wie du, Kind«, sagte sie.

KAPITEL 114

»Wir wollen sie Alana nennen«, sagte uns Caroline am nächsten Tag, als wir wieder zu Besuch ins Krankenhaus kamen.

»Das ist schön«, sagte Mum. »Falls ihr noch mehr Kinder wollt, gehen uns langsam die Namen mit Al am Anfang aus.«

Lu, die so ausgesehen hatte, als würde sie schlafen, lachte laut auf, ohne die Augen zu öffnen.

»Besser, wir machen erst mal langsam, bis wir sehen, wie es mit dem ersten so läuft«, sagte Caroline.

Ich dachte darüber nach, wie viel einfacher Alanas Leben ohne ein jüngeres Geschwisterchen wäre, das ihre Sachen durcheinanderbrachte und aus Gullys gezogen werden musste. Aber was, wenn Alvin nicht stecken geblieben wäre? Was wäre aus Tante Rosa geworden? Und wem würde ich die Schuld für die schmutzigen Teller in der Spüle geben, wenn ich keinen kleinen Bruder hätte?

Ich wusste, dass es allein Carolines und Lulus Entscheidung war, ob sie noch ein Kind wollten, aber ein Mangel an Namen mit Al sollte sie nicht aufhalten.

»Das nächste könntet ihr Albert nennen«, sagte ich.

Ich musste Caroline etwas Wichtiges zeigen, obwohl es von der ganzen Zeit in meiner feuchten Hosentasche gestern verschmiert und zerknittert war. Ich führte sie hinaus auf den Flur, als Alvin die medizinische Ausstattung des Raumes erkundete und Mum, Dad und Oma Sally an der Reihe waren, an Alanas Köpfchen zu schnuppern.

»Ich glaube, ich habe die Lösung für das Problem mit Opas Opfer«, sagte ich zu Caroline.

»Wirklich? Ich habe geweint, als ich diese Szene geschrieben habe. Richtige Krokodilstränen. Kannst du dir das vorstellen?«

Das konnte ich. Zweifelsfrei hatte sie an diesem Tag viele zerfledderte Taschentücher verbraucht. »Ich glaube, er kann sich opfern, ohne zu sterben«, sagte ich. »Hier steht es.« Ich holte das Stück Papier aus meiner Hosentasche.

»Das sieht ja aus wie ein Lappen«, sagte Caroline.

»Jetzt ist es ein Lappen, aber es war mal ein Stück Papier.«

»Wenn du das sagst.«

»Egal, ich kann dir auch sagen, was da steht. Aber wir müssen dafür wohin gehen. Im Krankenhaus. Da gibt es jemanden, den du kennenlernen musst.«

KAPITEL 115

An diesem Morgen war ich vor dem Rest meiner Familie im Krankenhaus angekommen. Ich war mit Javier mitgefahren, als er und seine Eltern Rosa besuchen fuhren. Ich musste mit Rosa sprechen, bevor ich mit Caroline sprach.

Als Javiers Eltern unten einen Kaffee trinken gingen, sah ich meine Chance. Aber bevor ich den Mund aufmachen konnte, fing Rosa an zu reden. Schnell und leise, als ob wir drei Spione wären, die sich in einer kleinen Seitenstraße träfen, erzählte sie uns, dass sie Javiers Eltern gesagt hatte, sie wäre zu Hause hingefallen und hätte den Krankenwagen selbst gerufen. Rosa sagte, sie würde sich freuen, wenn sie *meinen* Eltern von Alvins und meinen heroischen Taten erzählen könnte, aber –

Da unterbrach ich sie. »Alvin und ich sind eingebrochen«, sagte ich. »Uns beiden wäre es lieber, wenn du das unseren Eltern gegenüber nicht erwähnen würdest.«

»Ihr seid nicht eingebrochen«, sagte Rosa. »Tatsächlich seid ihr jederzeit herzlich willkommen. Die Villa gehört mir. Ich habe sie letzten Winter gekauft.«

»Wirklich?«, fragte Javier.

»Ich hatte überlegt, sie zu vermieten«, sagte Rosa. »Aber inzwischen ist sie zu einem guten Ort geworden, um ab und zu einmal alleine zu sein. Marina treibt mich manchmal in den Wahnsinn.«

Nachdem Javier und ich diesen Brocken an Information verdaut hatten, kam ich endlich dazu, Rosa meine Frage zu stellen. Nämlich, ob es für sie in Ordnung wäre, Caroline von ihren Beiträgen zu dem Buch zu erzählen.

»Wann seid ihr darauf gekommen, dass ich das war?«, fragte Rosa. »Ich dachte, ich hätte meine Spuren ganz gut verwischt.«

»Ach«, wand ich mich. »Eigentlich ziemlich am Anfa–«

»Gestern«, unterbrach mich Javier.

Wir waren nicht überrascht, als Rosa Nein sagte. Sie wollte, dass ihre Ghostwriter-Beiträge zu der Geschichte geheim blieben. »Es hat mir ziemlich viel Spaß gemacht, euch glauben zu lassen, dass ich ein Geist wäre«, sagte Rosa. »Und ich würde es vorziehen, anonym zu bleiben.«

»Aber meine Tante denkt, dass ich diese ganzen Ideen hatte«, sagte ich. »Sie denkt, ich bin eine Art Genie oder so. Damit kann ich nicht leben, jetzt, wo ich weiß, dass es deine Ideen waren.«

»Er kann nicht in einer Lüge leben«, sagte Javier ehrfürchtig.

»Ich verstehe«, sagte Rosa. »Na gut. Warum kommst du nicht mal mit ihr vorbei, und wir besprechen das Ganze?«

Als ich Caroline dann also zu Rosas Zimmer führte, las ich ihr den Zettel/Lappen über Opas Opfer vor.

»›Wenn Opa und Gerald von dem Zauberer in ihre

Welt zurückgeschickt werden, ist Opa sehr schwach, weil er so lange im Zeitstrudel gefangen war. Er hat nicht mehr genug magische Kräfte übrig, um einen neuen Windschatten zu erschaffen, der groß genug für sie beide ist, nur für Gerald. Er gibt seine ganze restliche Magie dafür her, dass Gerald zurückkehren kann. Aber Opa kann nicht mit ihm mitkommen. Opa kann nie mehr in die magische Welt zurückkehren.‹«

»Opa ist also immer noch am Leben«, sagte ich. »Und Gerald kann ihn besuchen, wenn er wieder nach Hause geht. Aber er bringt das riesige Opfer, und von da an muss Gerald in der Parallelwelt alleine weitermachen. Außerdem ist es vollkommen unmöglich, dass Opa durch ein Abflussgitter passt. Sogar Gerald hätte damit große Probleme. Er bräuchte vielleicht etwas Schlüpfriges –«

»Einen Zaubertrank!«, sagte Caroline. »Er kann einen Zaubertrank dafür benutzen. Das ist perfekt, Alex. Du bist so ein Genie!« Mitten im Krankenhausflur zog sie mich an sich, umarmte mich und gab mir einen Kuss auf die Stirn, und ich glaube, ein paar Ärzte und Ärztinnen haben die ganze Sache mitangesehen.

»Eigentlich«, sagte ich, »bin ich überhaupt kein Genie. Ich habe mir diese Lösung nämlich gar nicht selbst ausgedacht. Und da ist noch ein Haufen anderer Ideen in dem Buch, die ich mir auch nicht selbst ausgedacht habe. Ich würde dir aber gerne die Person vorstellen, von der all die Ideen wirklich kommen.«

KAPITEL 116

Bis wir dann zu Rosas Zimmer kamen, hatte ich Caroline auch schon erzählt, welche Ideen Rosa beigesteuert hatte, allerdings ohne auf die ganze Geistersache einzugehen. Ich ließ sie in dem Glauben, dass Rosa einfach in meine Diskussionen über das Buch mit Javier eingestiegen wäre, als wir bei ihm zu Hause waren.

Vielleicht war es die Aufregung über Alanas Geburt, die Caroline davon abhielt, mir noch einen Vortrag darüber zu halten, dass ich ohne ihre Erlaubnis mit anderen über das Buch gesprochen hatte. Vielleicht hatte sie das aber nach der Schlacht des Seniorenzentrums auch einfach aufgegeben. Egal wie, sie vertiefte es jedenfalls nicht.

Caroline machte praktisch einen Kniefall vor Rosa, als wir an ihr Bett herantraten, und dankte und sagte ihr, wie großartig sie war. Rosa wedelte immer wieder mit der Hand vor Caroline herum, als ob sie eine Mücke verscheuchen wollte.

Aber Die-Mücke-Caroline war lästig. Wie die meisten Mücken, meiner Erfahrung nach. »Ich kann Ihnen gar nicht genug danken«, sagte sie zu Rosa. »Sie haben das ganze Buch umgekrempelt. Mehr als ein Mal. Und Ihre Idee zu Opas Opfer? Die ergibt hundertprozentigen emotionalen Sinn. Ich bin so dankbar für Ihre Hilfe.«

Dann fing sie an, davon zu sprechen, Rosa in der Danksagung des Buches zu erwähnen, und an diesem Punkt sagte Rosa dann zu Javier und mir, dass wir draußen warten sollten.

Wir gingen auf den Flur hinaus und schlossen die Tür. Wir konnten Caroline immer noch hören, weil sie eine hohe Stimme hatte, aber Rosa nicht. Es war nicht schwer, sich vorzustellen, wer diese Diskussion gewonnen hat. Sie verlief in etwa so:

»Ich bin mir sicher, es gibt einen Weg, auf dem ich Ihnen –«

...

»Ach, aber ich würde doch so gerne –«

...

»Aber Sie verdienen es doch –«

...

»Das verstehe ich, aber –«

...

»Jawohl, Madam.«

...

»Jawohl, Madam.«

Caroline war blass, als sie aus Rosas Zimmer kam, und ihre Haare standen wie die eines verrückten Wissenschaftlers in alle Richtungen von ihrem Kopf ab.

»Ich glaube, ich habe ihr mein nächstes Kind versprochen, falls ich jemals irgendwem gegenüber ihre Beiträge zu dem Buch erwähne«, sagte sie, während sie versuchte, ihre Haarbüschel irgendwie in einen Pferdeschwanz zusammenzufassen, und scheiterte. »Ich glaube, in der Öffentlichkeit darf ich nicht einmal ihren Namen sagen.«

»Sie ist zäh«, sagte Javier.

»Das kannst du laut sagen«, sagte Caroline. »Aber auf jeden Fall habe ich ihr übrigens Alvin versprochen. Sie will, dass er kommt und ihr vorliest. Anscheinend findet sie seine Stimme beruhigend.«

KAPITEL 117

Das ist also die wahre Geschichte von L. M. Knight, der mysteriösen Autorin der Gerald-Bücher.

L. M. Knight ist nicht nur ein Künstlername für meine Tante Caroline. Oder für meine Tante Caroline und mich. Es ist ein Name, der folgende Personen einschließt: Caroline (hauptsächlich), mich (für Gefahr, die Aufgaben-Stunts, die epische Schlacht – gern geschehen –, Sinneseindrücke und die Langeweile-Lokalisierung), Großtante Rosa (für die hauptsächlichen, großen Handlungsideen und dafür, dass sie es zu einer Fantasygeschichte gemacht hat), Javier (für das Filmen und die Idee mit den magischen Pflanzen und die Snarko-Figur), Marta (für die Geisterjagd und Stunts und die Teufelin-Figur), Nate (für Opa-Sprüche und die Schlachtstrategie), Ellen (für grausige Details), Alvin (für die Filmschlacht-Figuren und den Gully-Stunt), Henry (für das Mondgesicht), die Bibliothekarin in der Kinderbuchabteilung (für Buchvorschläge und die Verschollene-Bibliothekarin-Figur in Buch 2), einen Haufen Fantasyautorinnen und -autoren aus der Bibliothek und von Rob Weintraubs Büchersammlung.

Was den Namen angeht, sagt Caroline, dass sie »Knight« ausgesucht hat, weil das K in der Mitte des Alphabets ist, weshalb die Bücher in den Regalen von Buchläden und

Bibliotheken in der Mitte einsortiert werden. Sie beharrt darauf, dass L. M. für etwas steht, aber sie will mir nicht sagen, wofür.

Ich glaube aber, dass ich es schon weiß. Ich glaube, es steht für »Lesemuffel«. Was ich vermutlich immer noch bin, obwohl ich ein Hörbuchwurm geworden bin. Man muss die richtigen Bücher finden, wie Ellen sagt, aber auch den richtigen Aufnahmekanal. Meiner ist über die Ohren und nicht über die Augen. Und meistens, während ich laufe – ich kann nicht unruhig werden, wenn ich mich bewege.

Ich laufe immer noch überall hin, obwohl ich mich nicht mehr so fühle, als ob ich das müsste. Ich glaube, meine Erfahrung mit echter Gefahr hat meine Sorgen um mögliche Gefahr beschwichtigt. Jetzt laufe ich, weil es mir Spaß macht. Ich bin sogar dem Cross-Country-Team in der Schule beigetreten.

Und wie stehe ich dazu, den Notruf zu wählen? Ich musste es nicht noch mal machen, seitdem Großtante Rosa sich die Hüfte gebrochen hat. Aber ich habe das Gefühl, ich könnte es, wenn ich müsste. Vielleicht hat sich die Angst seit diesem zweiten Vorkommnis aufgelöst. Aber ich glaube, es hat eher etwas damit zu tun, dass ich endlich jemandem erzählt habe, was beim ersten Mal passiert ist.

Das kam durch Zufall heraus. Ich brachte Rosa ein paar Hörbücher ins Krankenhaus, und als ich mich dafür entschuldigte, dass ich mit dem Notruf gezögert hatte, kam ich irgendwie dazu, von meinem Aufeinandertreffen mit der Polizei zu erzählen. Ich sagte, dass mir die Beamten, rückblickend gesehen, wahrscheinlich gar keinen Schrecken hatten einjagen wollen. »Vielleicht habe ich mir das nur eingebildet«, sagte ich.

»Das kann schon sein«, sagte sie. »Du hast schließlich viel Fantasie.«

»Machst du Witze? Ich hab überhaupt keine Fantasie«, sagte ich. »Frag Javier.«

Ich hatte Tante Rosa vorher noch nie lachen sehen, aber als sie dann lachte, erinnerte sie mich an Javier. Sie fiel fast aus dem Bett. »Jeder hat Fantasie«, sagte sie, als sie sich wieder gefangen hatte.

Ich mache immer noch die Stunts für Caroline, zusammen mit Marta natürlich. (Alvin hat sich nach dem Abflussgitter von den Stunts zurückgezogen und ist jetzt für Zaubertränke verantwortlich – er arbeitet lieber drinnen.) Marta, Javier und ich haben uns letztens für einen eintägigen Wildwasser-Rafting-Kurs angemeldet, um bei der *Sprühenden-Gischt*-Szene in Buch 3 zu helfen. Javier freut sich schon darauf, seine neue wasserfeste Kamera auszuprobieren.

Ich bin immer noch nicht dazu gekommen, Caroline zu gestehen, dass meine »fantasievollen Details« für ihr Buch auf echten Stunts basieren. Ich hatte geplant, es ihr nach dem Ende von Buch 1 zu sagen, aber dann kam auch schon Buch 2 und jetzt 3 und … ich werd's ihr sagen, wenn sie mit der ganzen Reihe fertig ist. Dann ganz bestimmt.

Aber warte mal kurz, denkst du dir jetzt wahrscheinlich gerade. *Hast du nicht ganz am Anfang gesagt, dass du lieber mit weit aufgerissenem Mund in den Hecklader eines Müllwagens hechten würdest, als berühmt zu sein? Warum hast du also dieses Buch hier geschrieben, wenn das wirklich so ist? Wird es dich nicht als Geralds Stunt-Double berühmt machen?*

Meine Antwort auf diese zwei ausgezeichneten Fragen hat zwei Teile. Erstens wird dieses Buch mich bestimmt nicht berühmt machen. Die Spannung ist nicht wirklich auf L.-M.-Knight-Level, oder?

Und zweitens ist Alex Harmon gar nicht mein richtiger Name.

DANKSAGUNG

Dies ist ein Buch, das davon handelt, Hilfe beim Schreiben eines Buches zu bekommen, was die Danksagung besonders wichtig erscheinen lässt. Ich fange einfach mal am Anfang an und hoffe auf das Beste.

Zuerst geht ein großes Dankeschön an Karen und ihre Leseratten-Nichte, die mir großzügigerweise (und unbeabsichtigt) die Idee zu diesem Buch geliefert hat. Und an Debbie, die das Vertrauen hatte, mich zu ihrer Kritik-Gruppe einzuladen, ohne meinen Text gelesen zu haben.

Schiere Worte können meine Dankbarkeit für die Kritik-Gruppe gar nicht zum Ausdruck bringen. Dafür, dass sie mich so willkommen geheißen hat und so unterstützend war, an den richtigen Stellen gelacht und mich auf die langweiligen Stellen aufmerksam gemacht hat und mich mit der SCBWI *(Anmerkung der Übersetzerin: Society of Children's Book Writers and Illustrators)* vertraut gemacht hat. Vielen Dank an die SCBWI New England und für alles, was sie für angehende Schriftstellerinnen und Schriftsteller tut, und dafür, dass sie mich meiner Agentin vorgestellt hat. Danke an meine Agentin, Joan Paquette, für ihren quirligen Sinn für Humor und unermüdlichen Optimismus und dafür, dass sie mich meiner Verlegerin vorgestellt hat. Vielen Dank an meine Verlegerin, Karen Wojtyla, für ihre Tanten-Unterstützung und ihre professionelle Handhabung des *Rotstifts der Inspiration*.

Ein ganzer Dankesstrudel an den Rest der Gruppe bei McElderry Books und Simon & Schuster: an Nicole Fiorica, für ihre großartigen Ideen und die ausgezeichnete Anleitung während des ganzen Prozesses; an die Lektorin Lynn Kavanaugh, für die wahnsinnig gründliche Lektüre und freundliche Erinnerung daran, dass Haare nachwachsen; an die Korrektorin Mandy Veloso; an die Cheflektorin Bridget Madsen; an die Produktionsmanagerin Elizabeth Blake-Linn; an die Designerin Rebecca Syracuse; und die Publizistin Chantal Gersch. Vielen Dank auch an die wunderbare Linzie Hunter, für das perfekte Coverdesign und dafür, meinen Namen in eine Zucchini zu stecken *(Anmerkung des Verlags: Dies bezieht sich auf das Originalcover, welches wir nicht übernommen haben)*.

Ein riesiges Dankeschön an meine früheren und jetzigen Kollegen, inklusive, aber nicht nur, Ben, Debbie (noch mal), Jayne, Karen (noch mal), Linda, Mary, Mike, Pamela, Peg und Peggy, für ihre Freundschaft und ekligen Geschichten und dafür, dass sie diskreterweise keine der Fehler, die sie hier drin finden, erwähnen.

Besonderer Dank gilt Mum, Tante Karen, Jon, Jennifer, Christina, Diana, Suze, Jay, Carter und allen Fawcetts und Williamsons, dafür, dass sie mit mir, und manchmal auch über mich, lachen und so tun, als wären sie nicht allzu geschockt über die ganze Entwicklung der Dinge. Danke an Lisa, dafür, dass du die gleichen Bücher wie ich verschlingst; und an Mike, Ted und Marshall, für das Hintergrundgeklatsche.

Letzter und besonders großer, unendlicher Dank geht an Clara und Stephen, dafür, dass sie mein Haus mit Büchern und mein Herz mit Liebe füllen.

Betsy Uhrig lebt mit ihrer Familie – und mehr Büchern, als man sich vorstellen kann – in Greater Boston. Sie arbeitete bereits als Redakteurin im Verlagswesen, als Buchhändlerin und an einer Eis-Theke. *Mehr Action, weniger Zucchini* ist ihr erstes Kinderbuch. Normalerweise tut sie alles, um Action und Gefahren zu vermeiden, und in Wirklichkeit hat sie auch nichts gegen Zucchini.

Susanne Just, geboren 1994 in München, liebte schon als Kind Bücher, Geschichten und Gedichte und konnte vor der ersten Klasse lesen und schreiben. Ihre Leidenschaft für Sprache hat sie dazu gebracht, Anglistik und literarisches Übersetzen an der LMU München und an der Westminster University in London zu studieren. Seit 2019 lebt sie in Palermo und arbeitet als freiberufliche Literaturübersetzerin aus dem Englischen und Italienischen.

HILFE, die Erwachsenen ticken nicht mehr richtig!

Ellis Mutter hat den Stinkepantoffel von Opa in die Brotdose gepackt, Lehrerin Frau Hoppe tanzt auf dem Schulhof um ein Lagerfeuer herum. Sogar der Mann vom Ordnungsamt reitet auf einem Besen durch die Stadt und verteilt Einhorn-Sticker statt Strafzettel. Was ist da nur los? Ob die Erwachsenen sich so seltsam verhalten, weil in Schnellbach über Nacht plötzlich alle Uhren verschwunden sind? Elli, Max und Basti sind sich jedenfalls sicher: Irgendetwas ist hier so faul wie der alte Pantoffel. Bei ihren Recherchen treffen sie auf Professor Albert Einstock, und ihnen ist sofort klar, dass der ulkige Erfinder etwas mit dem Irrsinn zu tun haben muss …

Anastasia Braun
Voll relativ! Der Tag, an dem die Zeit verschwand
Originalausgabe
Mit Schwarz-Weiß-Illustrationen von der Autorin
Gebunden, 192 Seiten
€ 12,- (D) / € 12,40 (A)
ISBN 978-3-96177-076-2

Drei Detektive und ein Schaf auf heißer Spur

Harald passt in sein kleines Nordsee-Kaff wie eine Chilischote auf eine Schwarzwälder Kirschtorte. Schließlich träumt er davon, ein echter Detektiv zu sein, aber leider gibt es hinter dem Deich rein gar nichts zu ermitteln. Das ändert sich schlagartig, als das Schaf Schnucki MäcGaffin unter mysteriösen Umständen verschwindet. Harald wittert seinen ersten richtigen Fall! Auch Wiebke, die Tochter der Schäferin, nimmt die Verfolgung des Schafes auf. Ihre Suche führt die beiden in den düsteren und geheimnisvollen Großstadtdschungel. Als sie dort die clevere Privatermittlerin Trix kennenlernen, ist die Detektei Donnerschlag komplett – zum Glück! Denn der Fall ist kniffliger als gedacht …

Jana Scheerer
Gefahr ist unser Geschäft.
Aus den Akten der Detektei
Donnerschlag
Originalausgabe
Mit Schwarz-Weiß-Illustrationen
von Uwe Heidschötter
Gebunden, 256 Seiten
€ 14,- (D) / € 14,40 (A)
ISBN 978-3-96177-047-2